ICH LIEBE DICH

# Ich liebe dich

Die hundert schönsten
Liebesgedichte

*Ausgewählt von*
*Bernd F. Lunkewitz*

Aufbau-Verlag

ISBN 3-351-03016-9

1. Auflage 2004
© Aufbau-Verlag GmbH, Berlin 2004
Einbandgestaltung Henkel / Lemme
Typographie Peter Birmele
Druck und Binden Clausen & Bosse, Leck
Printed in Germany

www.aufbau-verlag.de

Für Stephanie

## INHALT

### Geschirmt sind die Liebenden

*Heinz Kahlau* Ich liebe dich .................. 15
*Johann Wolfgang Goethe* Rastlose Liebe ........ 17
*Karoline Günderode* Liebe ................... 18
*Erich Fried* Was es ist ...................... 19
*Friedrich Hölderlin* Lied der Liebe ............ 20
*Ingeborg Bachmann* Erklär mir, Liebe .......... 22
*Nelly Sachs* Geschirmt sind die Liebenden ...... 24
*Bertolt Brecht* Die Liebenden ................. 25
*Matthias Claudius* Die Liebe ................. 26

### Dû bist mîn, ich bin dîn

*Gottfried Keller* Es bricht aus mir ein bunter Faschingszug ..................................... 29
*Kurt Schwitters* An Anna Blume .............. 30
*Heinrich Heine* Du bist wie eine Blume ........ 32
*Joachim Ringelnatz* Ich habe dich so lieb ....... 33
*Johann Wolfgang Goethe* Mailied .............. 34
*Gottfried August Bürger* Die Unvergleichliche ... 36
*Eduard Mörike* An die Geliebte ................ 37
*Yvan Goll* Deine Augen sind wie die Kirchenfenster von Chartres ...................... 38
*Johann Wolfgang Goethe* In tausend Formen magst du dich verstecken .......................... 39
*Rainer Maria Rilke* Alles Lauschende .......... 40
*Anonym* Dû bist mîn, ich bin dîn ............. 41
*Friedrich Rückert* Kehr ein bei mir! ............ 42
*Theodor Storm* Ich bin mir meiner Seele ........ 43

*Marie Luise Kaschnitz* Maß der Liebe .......... 44
*Bertolt Brecht* Morgens und abends zu lesen .... 45
*Hans Magnus Enzensberger* Kopfkissengedicht .. 46
*Adelbert von Chamisso* Pour Madame Adelbert .. 47
*Nikolaus Lenau* Zweifelnder Wunsch .......... 48
*Friedrich Rückert* Du bist mein Mond .......... 49
*Inge Müller* Nacht ......................... 50
*Erich Fried* Nur nicht ...................... 51
*Friedrich Rückert* Weil ich nichts anders kann als
  nur dich lieben ........................... 52
*Yvan Goll* Glückliche Männer tragen Strohhüte .. 53
*Else Lasker-Schüler* Siehst du mich ............ 54


Die Stunde des Glückes erscheint

*Else Lasker-Schüler* Mein Liebeslied ........... 57
*Eduard Mörike* Götterwink .................. 58
*Friedrich Schiller* Die Erwartung ............. 60
*Gottfried Keller* Ständchen: Schifferliedchen .... 63
*Heinrich Heine* Im wunderschönen Monat Mai .. 64


Gefunden

*Sarah Kirsch* Bei den weißen Stiefmütterchen ... 67
*Friedrich Gottlieb Klopstock* Das Rosenband .... 68
*Johann Wolfgang Goethe* Gefunden ............ 69
*Gottfried Keller* Der Kirchenbesuch ........... 70
*Detlev von Liliencron* Einen Sommer lang ...... 72
*Theodor Fontane* Im Garten .................. 73
*Walther von der Vogelweide* Under der linden ... 74
*Rainer Maria Rilke* Liebesanfang .............. 76
*Bertolt Brecht* Erinnerung an die Marie A. ...... 77
*Theodor Storm* O süßes Nichtstun ............ 78

| | |
|---|---|
| *Eva Strittmatter*   Platanenabend ............... | 79 |
| *Theodor Storm*   Dämmerstunde ............... | 80 |
| *Heinrich Heine*   Die Lotosblume ängstigt ....... | 81 |
| *Johann Georg Jacobi*   Abend .................. | 82 |
| *Else Lasker-Schüler*   Ein Liebeslied ............. | 84 |
| *Johann Wolfgang Goethe*   Um Mitternacht, wenn die Menschen erst schlafen .................. | 85 |
| *Rainer Maria Rilke*   Zum Einschlafen zu sagen .. | 86 |
| *Johann Wolfgang Goethe*   Römische Elegien. Fünfte Elegie ..................................... | 87 |
| *Heinrich Heine*   Du liegst mir so gern im Arme .. | 88 |
| *Else Lasker-Schüler*   Ein alter Tibetteppich ...... | 89 |
| *Joseph von Eichendorff*   Mondnacht ............ | 90 |
| *Gottfried Benn*   Du liegst und schweigst ........ | 91 |
| *Detlev von Liliencron*   Früh am Tage ........... | 92 |
| *Eduard Mörike*   Scherz ....................... | 93 |

## Nur wer die Sehnsucht kennt

| | |
|---|---|
| *Matthias Claudius*   Christiane ................. | 97 |
| *Mascha Kaléko*   Das letzte Mal ................ | 98 |
| *Bertolt Brecht*   Das elfte Sonett ............... | 99 |
| *Johann Wolfgang Goethe*   Willkommen und Abschied ...................................... | 100 |
| *Marie Luise Kaschnitz*   Ad infinitum .......... | 102 |
| *Rainer Maria Rilke*   Abschied ................. | 103 |
| *Conrad Ferdinand Meyer*   Stapfen ............. | 104 |
| *Johann Wolfgang Goethe*   Nur wer die Sehnsucht kennt ..................................... | 106 |
| *Mascha Kaléko*   Liebeslied ................... | 107 |
| *Eva Strittmatter*   Schattenriß ................. | 108 |
| *Johann Wolfgang Goethe*   Nähe des Geliebten .... | 109 |
| *Gertrud Kolmar*   Sehnsucht .................. | 110 |
| *Rainer Maria Rilke*   Die Stille ................. | 113 |

*Annette von Droste-Hülshoff* Locke und Lied .... 114
*Bertolt Brecht* Fragen ........................ 116
*Friedrich Rückert* Hast du gestern abend dich ... 117
*Christian Morgenstern* Geheime Verabredung ... 118
*Eva Strittmatter* Geheimnis .................... 119
*Bertolt Brecht* Bidi in Peking ................ 120
*Yvan Goll* Wenn du mich rufst, unhörbar mit der Seele ........................................ 121

### Willst du mich küssen? Komm!

*Hugo von Hofmannsthal* Die Beiden ........... 125
*Arno Holz* Verliebte Miniatur ................ 126
*Paul Fleming* Wie er wolle geküsset sein ........ 127
*Heinrich Heine* Hast du die Lippen mir wund geküßt ........................................ 128
*Gertrud Kolmar* Liebende .................... 129
*Georg Heym* Deine Wimpern, die langen ....... 130
*Christian Morgenstern* Es ist Nacht ............ 132
*Johann Wolfgang Goethe* Versunken ........... 133
*Rainer Maria Rilke* Die Liebenden ............. 134
*Heinz Kahlau* Geborgen ..................... 135
*Johann von Besser* An Calisten ................ 136
*August Stramm* Trieb ........................ 138
*Christian Morgenstern* Du bist mein Land ...... 139
*Friedrich Hebbel* Ich und du ................. 140
*Klabund* Die Liebe ein Traum ................ 141
*Conrad Ferdinand Meyer* Zwei Segel ........... 142
*Ingeborg Bachmann* Römisches Nachtbild ...... 143

*Friedrich Hölderlin* Die Liebe ................ 144

# Anhang

Wunsch und Zauberspruch: Ich liebe dich. *Von Bernd F. Lunkewitz* .......................... 149
Der Herausgeber ............................. 154
Autoren- und Quellenverzeichnis .............. 155
Alphabetisches Verzeichnis der Gedichtanfänge und -überschriften ............................. 164

## Geschirmt sind die Liebenden

## ICH LIEBE DICH

Ich liebe dich
heißt auch:
Komm,
schlaf mit mir.
Es kann auch heißen:
Laß uns Kinder haben.
Ich liebe dich.
Ich bin
sehr gern bei dir.
Laß uns zusammen sein
bis zum Begraben.

Ich liebe dich
heißt auch:
Sei zu mir gut,
mach mir das Leben leicht,
das ich nicht zwinge.
Wenn ich allein wär,
fehlte mir der Mut.
Ich liebe dich,
mach, daß es mir gelinge.

Ich liebe dich
heißt auch:
Es macht mich stolz,
daß du mich mehr
als andere begehrst.
Und daß du mir, nur mir
und keinem sonst,
in allem, was du bist,
allein gehörst.

Ich liebe dich
kann heißen:
Sei doch so,
wie ich den andren,
den ich suche, sehe.
Erfüll mir meine Träume,
mach mich froh,
daß ich bestätigt
durch mein Leben gehe.

Ich liebe dich
heißt auch:
Ich will so sein,
wie du mich brauchst –
Ich will dein Schatten werden.
So nützlich
ist dir keiner, ich allein
kann alles für dich tun
auf dieser Erden.

Ich liebe dich
heißt immer:
Ich will dich
für etwas haben,
das mir Glück verspricht.
Manchmal entsteht daraus:
Wir lieben uns.
Erst dieser Satz
hat wirkliches Gewicht.

*Heinz Kahlau*

## Rastlose Liebe

Dem Schnee, dem Regen,
Dem Wind entgegen,
Im Dampf der Klüfte,
Durch Nebeldüfte,
Immer zu! Immer zu!
Ohne Rast und Ruh!

Lieber durch Leiden
Möcht ich mich schlagen,
Als so viel Freuden
Des Lebens ertragen.
Alle das Neigen
Von Herzen zu Herzen,
Ach, wie so eigen
Schaffet das Schmerzen!

Wie soll ich fliehen?
Wälderwärts ziehen?
Alle vergebens!
Krone des Lebens,
Glück ohne Ruh,
Liebe, bist du!

*Johann Wolfgang Goethe*

## Liebe

O reiche Armuth! Gebend, seliges Empfangen!
In Zagheit Muth! in Freiheit doch gefangen.
  In Stummheit Sprache,
  Schüchtern bei Tage,
  Siegend mit zaghaftem Bangen.

Lebendiger Tod, im Einen sel'ges Leben
Schwelgend in Noth, im Widerstand ergeben,
  Genießend schmachten,
  Nie satt betrachten
Leben im Traum und doppelt Leben.

*Karoline von Günderode*

## WAS ES IST

Es ist Unsinn
sagt die Vernunft
Es ist was es ist
sagt die Liebe

Es ist Unglück
sagt die Berechnung
Es ist nichts als Schmerz
sagt die Angst
Es ist aussichtslos
sagt die Einsicht
Es ist was es ist
sagt die Liebe

Es ist lächerlich
sagt der Stolz
Es ist leichtsinnig
sagt die Vorsicht
Es ist unmöglich
sagt die Erfahrung
Es ist was es ist
sagt die Liebe

*Erich Fried*

## LIED DER LIEBE
(Erste Fassung)

Engelfreuden ahndend wallen
Wir hinaus auf Gottes Flur,
Wo die Jubel widerhallen
In dem Tempel der Natur;
Heute soll kein Auge trübe,
Sorge nicht hienieden sein,
Jedes Wesen soll der Liebe
Wonniglich, wie wir, sich freun.

Singt den Jubel, Schwestern! Brüder!
Festgeschlungen! Hand in Hand!
Singt das heiligste der Lieder
*Von dem hohen Wesenband!*
Steigt hinauf am Rebenhügel,
Blickt hinab ins Schattental!
Überall der Liebe Flügel,
Wonnerauschend überall!

Liebe lehrt das Lüftchen kosen
Mit den Blumen auf der Au,
Lockt zu jungen Frühlingsrosen
Aus der Wolke Morgentau,
Liebe ziehet Well an Welle
Freundlichmurmelnd näher hin,
Leitet aus der Kluft die Quelle
Sanft hinab ins Wiesengrün.

Berge knüpft mit ehrner Kette
Liebe an das Firmament,
Donner ruft sie an die Stätte,
Wo der Sand die Pflanze brennt,

Um die hehre Sonne leitet
Sie die treuen Sterne her,
Folgsam ihrem Winke gleitet
Jeder Strom ins weite Meer.

Liebe wallt in Wüsteneien,
Höhnt des Dursts im dürren Sand,
Sieget, wo Tyrannen dräuen,
Steigt hinab ins Totenland;
Liebe trümmert Felsen nieder,
Zaubert Paradiese hin,
Schaffet Erd und Himmel wieder
Göttlich, wie im Anbeginn.

Liebe schwingt den Seraphsflügel,
Wo der Gott der Götter wohnt,
Lohnt den Schweiß am Felsenhügel,
Wann der Richter einst belohnt,
Wann die Königsstühle trümmern,
Hin ist jede Scheidewand,
Adeltaten heller schimmern,
Reiner, denn der Krone Tand.

Mag uns jetzt die Stunde schlagen,
Jetzt der letzte Othem wehn!
Brüder! drüben wird es tagen,
Schwestern! dort ist Wiedersehn;
Jauchzt dem heiligsten der Triebe,
Die der Gott der Götter gab,
Brüder! Schwestern! jauchzt der Liebe!
Sie besieget Zeit und Grab!

*Friedrich Hölderlin*

## ERKLÄR MIR, LIEBE

Dein Hut lüftet sich leis, grüßt, schwebt im Wind,
dein unbedeckter Kopf hat's Wolken angetan,
dein Herz hat anderswo zu tun,
dein Mund verleibt sich neue Sprachen ein,
das Zittergras im Land nimmt überhand,
Sternblumen bläst der Sommer an und aus,
von Flocken blind erhebst du dein Gesicht,
du lachst und weinst und gehst an dir zugrund,
was soll dir noch geschehen –

Erklär mir, Liebe!

Der Pfau, in feierlichem Staunen, schlägt sein Rad,
die Taube stellt den Federkragen hoch,
vom Gurren überfüllt, dehnt sich die Luft,
der Entrich schreit, vom wilden Honig nimmt
das ganze Land, auch im gesetzten Park
hat jedes Beet ein goldner Staub umsäumt.

Der Fisch errötet, überholt den Schwarm
und stürzt durch Grotten ins Korallenbett.
Zur Silbersandmusik tanzt scheu der Skorpion.
Der Käfer riecht die Herrlichste von weit;
hätt ich nur seinen Sinn, ich fühlte auch,
daß Flügel unter ihrem Panzer schimmern,
und nähm den Weg zum fernen Erdbeerstrauch!

Erklär mir, Liebe!

Wasser weiß zu reden,
die Welle nimmt die Welle an der Hand,
im Weinberg schwillt die Traube, springt und fällt.
So arglos tritt die Schnecke aus dem Haus!

Ein Stein weiß einen andern zu erweichen!

Erklär mir, Liebe, was ich nicht erklären kann:
sollt ich die kurze schauerliche Zeit
nur mit Gedanken Umgang haben und allein
nichts Liebes kennen und nichts Liebes tun?
Muß einer denken? Wird er nicht vermißt?

Du sagst: es zählt ein andrer Geist auf ihn ...
Erklär mir nichts. Ich seh den Salamander
durch jedes Feuer gehen.
Kein Schauer jagt ihn, und es schmerzt ihn nichts.

*Ingeborg Bachmann*

Geschirmt sind die Liebenden
unter dem zugemauerten Himmel.
Ein geheimes Element schafft ihnen Atem
und sie tragen die Steine in die Segnung
und alles was wächst
hat nur noch eine Heimat bei ihnen.

Geschirmt sind die Liebenden
und nur für sie schlagen noch die Nachtigallen
und sind nicht ausgestorben in der Taubheit
und des Waldes leise Legenden, die Rehe,
leiden in Sanftmut für sie.

Geschirmt sind die Liebenden
sie finden den versteckten Schmerz der Abendsonne
auf einem Weidenzweig blutend –
und üben in den Nächten lächelnd das Sterben,
den leisen Tod
mit allen Quellen, die in Sehnsucht rinnen.

*Nelly Sachs*

## Die Liebenden

Sieh jene Kraniche in großem Bogen!
Die Wolken, welche ihnen beigegeben
Zogen mit ihnen schon, als sie entflogen
Aus einem Leben in ein andres Leben.
In gleicher Höhe und mit gleicher Eile
Scheinen sie alle beide nur daneben.
Daß so der Kranich mit der Wolke teile
Den schönen Himmel, den sie kurz befliegen
Daß also keines länger hier verweile
Und keines andres sehe als das Wiegen
Des andern in dem Wind, den beide spüren
Die jetzt im Fluge beieinander liegen
So mag der Wind sie in das Nichts entführen
Wenn sie nur nicht vergehen und sich bleiben
So lange kann sie beide nichts berühren
So lange kann man sie von jedem Ort vertreiben
Wo Regen drohen oder Schüsse schallen.
So unter Sonn und Monds wenig verschiedenen Scheiben
Fliegen sie hin, einander ganz verfallen.
Wohin, ihr? – Nirgend hin. – Von wem davon? – Von allen.
Ihr fragt, wie lange sind sie schon beisammen?
Seit kurzem. – Und wann werden sie sich trennen? – Bald.
So scheint die Liebe Liebenden ein Halt.

*Bertolt Brecht*

## Die Liebe

Die Liebe hemmet nichts;
Sie kennt nicht Tür noch Riegel,
Und dringt durch alles sich;

Sie ist ohn Anbeginn,
Schlug ewig ihre Flügel,
Und schlägt sie ewiglich.

*Matthias Claudius*

# Dû bist mîn, ich bin dîn

Es bricht aus mir ein bunter Faschingszug
Und zieht dahin mit tönendem Gepränge;
Talüber wallt im luftigen Gedränge
Ein Bilderreigen, mein Gedankenflug!

Wie spielend sie die Luft hinübertrug,
So ranken sich, ein üppig Laubgehänge,
Bis auf zum Giebel, meine Nachtgesänge
Rings um ihr Haus, ein zauberischer Trug!

Es rauscht und schwillt und bricht ins Schlafgemach
Und singt und klingt die reine Seele wach,
Betäubt tritt sie in meine Blumenschlingen!

Nun ist es Zeit, mein Herz! mach dich hinzu!
Nachtwandelnd weiß sie's nicht und lauscht in Ruh:
Kannst alles, alles ihr zu Ohren bringen!

*Gottfried Keller*

## An Anna Blume

Oh Du, Geliebte meiner 27 Sinne, ich liebe Dir!
Du, Deiner, Dich Dir, ich Dir, Du mir, – – – – wir?
Das gehört beiläufig nicht hierher!

Wer bist Du, ungezähltes Frauenzimmer, Du bist, bist Du?
Die Leute sagen, Du wärest.
Laß sie sagen, sie wissen nicht, wie der Kirchturm steht.

Du trägst den Hut auf Deinen Füßen und wanderst auf
　die Hände,
Auf den Händen wanderst Du.

Halloh, Deine roten Kleider, in weiße Falten zersägt,
Rot liebe ich Anna Blume, rot liebe ich Dir.
Du, Deiner, Dich Dir, ich Dir, Du mir, – – – – wir?
Das gehört beiläufig in die kalte Glut!
Anna Blume, rote Anna Blume, wie sagen die Leute?

　*Preisfrage:*

　　1.) Anna Blume hat ein Vogel,
　　2.) Anna Blume ist rot.
　　3.) Welche Farbe hat der Vogel.

Blau ist die Farbe Deines gelben Haares,
Rot ist die Farbe Deines grünen Vogels.
Du schlichtes Mädchen im Alltagskleid,
Du liebes grünes Tier, ich liebe Dir!
Du Deiner Dich Dir, ich Dir, Du mir, – – – – wir!
Das gehört beiläufig in die – – – Glutenkiste.

Anna Blume, Anna, A – – – – N – – – – N – – – – A!
Ich träufle Deinen Namen.
Dein Name tropft wie weiches Rindertalg.
Weißt Du es Anna, weißt Du es schon,
Man kann Dich auch von hinten lesen.
Und Du, Du Herrlichste von allen,
Du bist von hinten, wie von vorne:
A – – – – – N – – – – – – N – – – – – – A.
Rindertalg träufelt STREICHELN über meinen Rücken.
Anna Blume,
Du tropfes Tier,
Ich – – – – – – – liebe – – – – – – – Dir!

*Kurt Schwitters*

Du bist wie eine Blume,
So hold und schön und rein;
Ich schau dich an, und Wehmut
Schleicht mir ins Herz hinein.

Mir ist, als ob ich die Hände
Aufs Haupt dir legen sollt,
Betend, daß Gott dich erhalte
So rein und schön und hold.

*Heinrich Heine*

## Ich habe dich so lieb

Ich habe dich so lieb!
Ich würde dir ohne Bedenken
Eine Kachel aus meinem Ofen
Schenken.

Ich habe dir nichts getan.
Nun ist mir traurig zu Mut.
An den Hängen der Eisenbahn
Leuchtet der Ginster so gut.

Vorbei – verjährt –
Doch nimmer vergessen.
Ich reise.
Alles, was lange währt,
Ist leise.

Die Zeit entstellt
Alle Lebewesen.
Ein Hund bellt.
Er kann nicht lesen.
Er kann nicht schreiben.
Wir können nicht bleiben.

Ich lache.
Die Löcher sind die Hauptsache
An einem Sieb.

Ich habe dich so lieb.

*Joachim Ringelnatz*

## MAILIED

Wie herrlich leuchtet
Mir die Natur!
Wie glänzt die Sonne!
Wie lacht die Flur!

Es dringen Blüten
Aus jedem Zweig
Und tausend Stimmen
Aus dem Gesträuch.

Und Freud und Wonne
Aus jeder Brust.
O Erd, o Sonne!
O Glück, o Lust!

O Lieb, o Liebe!
So golden schön,
Wie Morgenwolken
Auf jenen Höhn!

Du segnest herrlich
Das frische Feld,
Im Blütendampfe
Die volle Welt.

O Mädchen, Mädchen,
Wie lieb ich dich!
Wie blickt dein Auge!
Wie liebst du mich!

So liebt die Lerche
Gesang und Luft,
Und Morgenblumen
Den Himmelsduft,

Wie ich dich liebe
Mit warmem Blut,
Die du mir Jugend
Und Freud und Mut

Zu neuen Liedern
Und Tänzen gibst.
Sei ewig glücklich,
Wie du mich liebst!

*Johann Wolfgang Goethe*

## Die Unvergleichliche

Welch Ideal aus Engelsphantasie
Hat der Natur als Muster vorgeschwebet,
Als sie die Hüll um einen Geist gewebet,
Den sie herab vom dritten Himmel lieh?

O Götterwerk! Mit welcher Harmonie
Hier Geist in Leib und Leib in Geist verschwebet!
An allem, was hienieden Schönes lebet,
Vernahm mein Sinn so reinen Einklang nie.

Der, welchem noch der Adel ihrer Mienen,
Der Himmel nie in ihrem Aug erschienen,
Entweiht vielleicht mein hohes Lied durch Scherz.

Der kannte nie der Liebe Lust und Schmerz,
Der nie erfuhr, wie süß ihr Atem fächelt,
Wie wundersüß die Lippe spricht und lächelt.

*Gottfried August Bürger*

## An die Geliebte

Wenn ich, von deinem Anschaun tief gestillt,
Mich stumm an deinem heilgen Wert vergnüge,
Dann hör ich recht die leisen Atemzüge
Des Engels, welcher sich in dir verhüllt.

Und ein erstaunt, ein fragend Lächeln quillt
Auf meinem Mund, ob mich kein Traum betrüge,
Daß nun in dir, zu ewiger Genüge,
Mein kühnster Wunsch, mein einzger, sich erfüllt?

Von Tiefe dann zu Tiefen stürzt mein Sinn,
Ich höre aus der Gottheit nächtger Ferne
Die Quellen des Geschicks melodisch rauschen.

Betäubt kehr ich den Blick nach oben hin,
Zum Himmel auf – da lächeln alle Sterne;
Ich kniee, ihrem Lichtgesang zu lauschen.

*Eduard Mörike*

Deine Augen sind wie die Kirchenfenster von Chartres
Von gelben von roten von blauen Scherben gemacht
Sie spiegeln die Allegorien der Liebe
Die vierundzwanzig Stationen des Tags und der Nacht

Deine Augen sind wie der Schnee mit seinen Pailletten
Der Schnee ist gelb ist rot ist blau
Ich glaube nur er wäre weiß und weiß
Und plötzlich singt er wie tragische Vögel
Wenn deine Füße über ihn streifen

Deine Augen sind wie der Stern der Nacht
Die Sterne sind gelb sind rot sind blau
Es war ein Irrtum sie für Gold zu halten

In Lumpen wandert der Tag den deine Augen nicht kennen
In Schmutz die Straße die sich von dir wendet
Der Schnee und die Vögel ziehen zum Meer und zur Wüste
Sie werden erzählen wie gelb wie rot wie blau
Die Augen einer Menschin sind

*Yvan Goll*

In tausend Formen magst du dich verstecken,
Doch, Allerliebste, gleich erkenn ich dich;
Du magst mit Zauberschleiern dich bedecken,
Allgegenwärt'ge, gleich erkenn ich dich.

An der Zypresse reinstem, jungem Streben,
Allschöngewachsne, gleich erkenn ich dich;
In des Kanales reinem Wellenleben,
Allschmeichelhafte, wohl erkenn ich dich.

Wenn steigend sich der Wasserstrahl entfaltet,
Allspielende, wie froh erkenn ich dich;
Wenn Wolke sich gestaltend umgestaltet,
Allmannigfalt'ge, dort erkenn ich dich.

An des geblümten Schleiers Wiesenteppich,
Allbuntbesternte, schön erkenn ich dich;
Und greift umher ein tausendarm'ger Eppich,
O Allumklammernde, da kenn ich dich.

Wenn am Gebirg der Morgen sich entzündet,
Gleich, Allerheiternde, begrüß ich dich;
Dann über mir der Himmel rein sich ründet,
Allherzerweiternde, dann atm' ich dich.

Was ich mit äußerm Sinn, mit innerm kenne,
Du Allbelehrende, kenn ich durch dich;
Und wenn ich Allahs Namenhundert nenne,
Mit jedem klingt ein Name nach für dich.

*Johann Wolfgang Goethe*

## Alles Lauschende

Alles Lauschende will sich schmiegen an dein Gehör.
Chöre wollen in deiner Stimme leben.
Nirgends in keinen Gelenken
soll es Bewegungen geben:
*Du* sollst alles heben und senken.
Sollst allem der Wind sein.
Blind sein wollen die Dinge. Denn tausende von Augen
wandern aus.
In deinen Augen wollen alle Augen ihr Haus haben und
wohnen.
Millionen
von Rosen wachsen auf,
um dir Duft zu sein, der dich streift, – leis –.
Und in allen Talen, die ich weiß,
denkt der Wein
an dich
wenn er reift ...

*Rainer Maria Rilke*

Dû bist mîn, ich bin dîn:
des solt dû gewis sîn.
dû bist beslozzen
in mînem herzen:
verlorn ist daz slüzzelîn:
dû muost immer drinne sîn.

*Anonym*

## Kehr ein bei mir!

Du bist die Ruh',
   Der Friede mild,
   Die Sehnsucht du,
   Und was sie stillt.
Ich weihe dir
   Voll Lust und Schmerz
   Zur Wohnung hier
   Mein Aug' und Herz.
Kehr ein bei mir,
   Und schließe du
   Still hinter dir
   Die Pforten zu.
Treib andern Schmerz
   Aus dieser Brust!
   Voll sei dies Herz
   Von deiner Lust.
Dies Augenzelt
   Von deinem Glanz
   Allein erhellt,
   O füll es ganz.

*Friedrich Rückert*

Ich bin mir meiner Seele
In deiner nur bewußt,
Mein Herz kann nimmer ruhen
Als nur an deiner Brust!

Mein Herz kann nimmer schlagen
Als nur für dich allein.
Ich bin so ganz dein eigen,
So ganz auf immer dein. – –

*Theodor Storm*

## MASS DER LIEBE

Wie Du mir nötig bist? Wie Trank und Speise
Dem Hungernden, dem Frierenden das Kleid,
Wie Schlaf dem Müden, Glanz der Meeresreise
Dem Eingeschloßnen, der nach Freiheit schreit.

So lieb ich Dich. Wie dieser Erde Gaben
Salz, Brot und Wein und Licht und Windeswehen,
Die, ob wir sie auch bitter nötig haben,
Sich doch nicht allezeit von selbst verstehen.

Und tiefer noch. Denn auch die ungewissen
Und fernen Mächte, die man Gott genannt,
Sie drangen mir zu Herzen mit den Küssen,

Den Worten Deines Mundes und die Blüte
Irdischer Liebe nahm ich mir zum Pfand
Für eine Welt des Geistes und der Güte.

*Marie Luise Kaschnitz*

## Morgens und abends zu lesen

Der, den ich liebe
Hat mir gesagt
Daß er mich braucht

Darum
Gebe ich auf mich acht
Sehe auf meinen Weg und
Fürchte von jedem Regentropfen
Daß er mich ihm erschlagen könnte.

*Bertolt Brecht*

## Kopfkissengedicht

Dafür, daß du bis in die Fingerspitzen
anwesend bist, daß es dich verlangt,
dafür, wie du die Knie biegst
und mir dein Haar zeigst,
für deine Temperatur
und deine Dunkelheit;
für deine Nebensätze,
das geringe Gewicht der Ellenbogen
und die materielle Seele,
die in der kleinen Mulde
über dem Schlüsselbein schimmert;
dafür, daß du gegangen
und gekommen bist, und für alles,
was ich nicht von dir weiß,
sind meine einsilbigen Silben
zuwenig, oder zuviel.

*Hans Magnus Enzensberger*

## Pour Madame Adelbert

Ob ich dich liebe? Kannst du wohl es fragen?
Und können Worte deine Zweifel heben?
Die einzge Antwort ist das volle Leben.
Fürwahr, die Worte wissens nicht zu sagen.

Ob ewig lieben werde? Zu beklagen
Ist die, der Schwüre nur Gewißheit geben,
Sind Schwüre doch nur Schwüre, Worte eben,
Wie welkes Laub im Winter anzuschlagen.

»Wie kannst du, roher Mann, mich so betrüben?
Was kann ich, Böser, Guter, sonst begehren,
Als, was mich freut, aus deinem Mund zu hören?«

Du reinster, frommster, aus der Engel Chören,
Und mein, mein Kind, mein Weib, mein sonder Wehren,
Mein ganzes Sein, mein Leben und mein Lieben!

*Adelbert von Chamisso*

## ZWEIFELNDER WUNSCH

Wenn Worte dir vom Rosenmunde wehen,
Bist du so schön! – gesenkten Angesichts
Und still, bist du so schön! – was soll ich flehen:
O rede mir!? o sage nichts!?

Drum laß mich zwischen beiden Himmeln schwanken,
Halb schweigend, sprechend halb, beglücke mich
Und flüstre mir, wie heimlich in Gedanken,
Das süße Wort: »ich liebe dich!«

*Nikolaus Lenau*

Du bist mein Mond, und ich bin deine Erde;
   Du sagst, du drehest dich um mich.
Ich weiß es nicht, ich weiß nur, daß ich werde
In meinen Nächten hell durch dich.
Du bist mein Mond, und ich bin deine Erde;
   Sie sagen, du veränderst dich.
Allein du änderst nur die Lichtgebärde,
Und liebst mich unveränderlich.
Du bist mein Mond, und ich bin deine Erde;
   Nur mein Erdenschatten hindert dich,
Die Liebesfackel stets am Sonnenherde
Zu zünden in der Nacht für mich.

*Friedrich Rückert*

# NACHT

So leg ich mich zu dir die Erde am Ohr
Da kommt der Mond vor
Und legt dir zwei Fingerbreit Silber aufs Haar
Bleiben uns zwei, fünf, vierzig Jahr
Und der Mond und die Erde?
Über uns Mond
Unter uns Stein
Zu Sand gemahlen Berge und Bein
Formeln im Völkergrab?
Daß ich dich liebhab
Wird es zu lesen sein
In Blätter gestanzt
Ins Meer gepflanzt
In den Wind geschrieben
Wenn alle lieben.

*Inge Müller*

## NUR NICHT

Das Leben
wäre
vielleicht einfacher
wenn ich dich
gar nicht getroffen hätte

Weniger Trauer
jedes Mal
wenn wir uns trennen müssen
weniger Angst
vor der nächsten
und übernächsten Trennung

Und auch nicht soviel
von dieser machtlosen Sehnsucht
wenn du nicht da bist
die nur das Unmögliche will
und das sofort
im nächsten Augenblick
und die dann
weil es nicht sein kann
betroffen ist
und schwer atmet

Das Leben
wäre vielleicht
einfacher
wenn ich dich
nicht getroffen hätte
Es wäre nur nicht
mein Leben

*Erich Fried*

Weil ich nichts anders kann als nur dich lieben,
   Will ich dich lieben denn soviel ich kann.
Zu hassen dich hatt ich mir vorgeschrieben,
   Mit Hasse sah das Herz die Vorschrift an.
Dich zu vergessen hatt ich mich getrieben;
   Vergessen war es, eh ich mich besann.
Da so der Haß ward von sich selbst zerrieben,
   So das Vergessen in sich selbst zerrann;
So laß mich denn, soviel ich kann, dich lieben,
Weil ich nichts anders als dich lieben kann.

*Friedrich Rückert*

Glückliche Männer tragen Strohhüte
Und pfeifen auf Heiligenscheine
Andre rasen auf dem Motorrad durchs Leben
Um den Erdbeben zu entgehen.
Jener läuft jeden Tag in sein Büro
Und am Sonntag zieht er den schwarzen Rock an um sich
   mit Gott zu unterhalten.
Und ich? Eine Menschenexistenz lang
Seh ich deine Augenlider sich öffnen und schließen
Sich öffnen und schließen.

*Yvan Goll*

## Siehst du mich

Zwischen Erde und Himmel?
Nie ging einer über meinen Pfad.

Aber dein Antlitz wärmt meine Welt,
Von dir geht alles Blühen aus.

Wenn du mich ansiehst,
Wird mein Herz süß.

Ich liege unter deinem Lächeln
Und lerne Tag und Nacht bereiten,

Dich hinzaubern und vergehen lassen,
Immer spiele ich das eine Spiel.

*Else Lasker-Schüler*

# Die Stunde
des Glückes erscheint

## MEIN LIEBESLIED

Wie ein heimlicher Brunnen
Murmelt mein Blut,
Immer von dir, immer von mir.

Unter dem taumelnden Mond
Tanzen meine nackten, suchenden Träume,
Nachtwandelnde Kinder,
Leise über düstere Hecken.

O, deine Lippen sind sonnig ...
Diese Rauschedüfte deiner Lippen ...
Und aus blauen Dolden silberumringt
Lächelst du ... du, du.

Immer das schlängelnde Geriesel
Auf meiner Haut
Über die Schulter hinweg –
Ich lausche ...

Wie ein heimlicher Brunnen
Murmelt mein Blut.

*Else Lasker-Schüler*

# GÖTTERWINK

Nachts auf einsamer Bank saß ich im tauenden Garten,
  Nah dem erleuchteten Saal, der mir die Liebste verbarg.
Rund umblüheten ihn die Akazien, duftaushauchend,
  Weiß wie der fallende Schnee deckten die Blüten den Weg.
Mädchengelächter erscholl und Tanz und Musik in dem Innern,
  Doch aus dem fröhlichen Chor hört ich nur andre heraus.
Trat sie einmal ans Fenster, ich hätte den dunkelsten Umriß
  Ihrer lieben Gestalt gleich unter allen erkannt.
Warum zeigt sie sich nicht, und weiß, es ist der Geliebte
  Niemals ferne von ihr, wo sie auch immer verweilt?
Ihr umgebt sie nun dort, o feine Gesellen! Ihr findet,
  Schön ist die Blume, noch rein atmend die Würze des Hains.
Dünkt euch dies Kind wohl eben gereift für das erste Verständnis
  Zärtlicher Winke? Ihr seid schnelle, doch kommt ihr zu spät.
Stirne, Augen und Mund, von Unschuld strahlend, umdämmert
  Schon des gekosteten Glücks seliger Nebel geheim.
Blickt sie nicht wie abwesend in euren Lärmen? Ihr Lächeln
  Zeigt nur gezwungen die Zahnperlen, die köstlichen, euch.
Wüßtet ihr was die Schleife verschweigt im doppelten Kranze
  Ihrer Flechten! Ich selbst steckte sie küssend ihr an,

Während mein Arm den Nacken umschlang, den
    eueren Blicken
  Glücklich der seidene Flor, lüsterne Knaben, verhüllt.
– Also sprach ich und schwellte mir so Verlangen und
    Sehnsucht;
  Kleinliche Sorge bereits mischte sich leise darein.
Aber ein Zeichen erschien, ein göttliches: nicht die
    Geliebte
  Schickt' es, doch Amor selbst, welchen mein
    Kummer gerührt.
Denn an dem Altan, hinter dem nächtlichen Fenster,
    bewegt sich
  Plötzlich, wie Fackelschein, eilig vorüber ein Licht,
Stark herstrahlend zu mir, und hebt aus dem dunkeln
    Gebüsche,
  Dicht mir zur Seite, die hoch glühende Rose hervor.
Heil! o Blume, du willst mir verkünden, o götterberührte,
  Welche Wonne, noch heut, mein, des Verwegenen, harrt
Im verschloßnen Gemach. Wie schlägt mein Busen! –
    Erschütternd
  Ist der Dämonien Ruf, auch der den Sieg dir verspricht.

*Eduard Mörike*

## Die Erwartung

    Hör ich das Pförtchen nicht gehen?
    Hat nicht der Riegel geklirrt?
        Nein, es war des Windes Wehen,
        Der durch diese Pappeln schwirrt.

O schmücke dich, du grün belaubtes Dach,
Du sollst die Anmutstrahlende empfangen,
Ihr Zweige, baut ein schattendes Gemach,
Mit holder Nacht sie heimlich zu umfangen,
Und all ihr Schmeichellüfte, werdet wach
Und scherzt und spielt um ihre Rosenwangen,
Wenn seine schöne Bürde, leicht bewegt,
Der zarte Fuß zum Sitz der Liebe trägt.

    Stille, was schlüpft durch die Hecken
    Raschelnd mit eilendem Lauf?
        Nein, es scheuchte nur der Schrecken
        Aus dem Busch den Vogel auf.

Oh! lösche deine Fackel, Tag! hervor,
Du geist'ge Nacht, mit deinem holden Schweigen,
Breit um uns her den purpurroten Flor,
Umspinn uns mit geheimnisvollen Zweigen,
Der Liebe Wonne flieht des Lauschers Ohr,
Sie flieht des Strahles unbescheidnen Zeugen!
Nur Hesper, der verschwiegene, allein
Darf still herblickend ihr Vertrauter sein.

    Rief es von ferne nicht leise,
    Flüsternden Stimmen gleich?
        Nein, der Schwan ist's, der die Kreise
        Ziehet durch den Silberteich.

Mein Ohr umtönt ein Harmonieenfluß,
Der Springquell fällt mit angenehmem Rauschen,
Die Blume neigt sich bei des Westes Kuß,
Und alle Wesen seh ich Wonne tauschen;
Die Traube winkt, die Pfirsche zum Genuß,
Die üppig schwellend hinter Blättern lauschen;
Die Luft, getaucht in der Gewürze Flut,
Trinkt von der heißen Wange mir die Glut.

    Hör ich nicht Tritte erschallen?
    Rauscht's nicht den Laubgang daher?
        Nein, die Frucht ist dort gefallen,
        Von der eignen Fülle schwer.

Des Tages Flammenauge selber bricht
In süßem Tod, und seine Farben blassen,
Kühn öffnen sich im holden Dämmerlicht
Die Kelche schon, die seine Gluten hassen,
Still hebt der Mond sein strahlend Angesicht,
Die Welt zerschmilzt in ruhig große Massen,
Der Gürtel ist von jedem Reiz gelöst,
Und alles Schöne zeigt sich mir entblößt.

    Seh ich nichts Weißes dort schimmern?
    Glänzt's nicht wie seidnes Gewand?
        Nein, es ist der Säule Flimmern
        An der dunkeln Taxuswand.

Oh! sehnend Herz, ergötze dich nicht mehr,
Mit süßen Bildern wesenlos zu spielen,
Der Arm, der sie umfassen will, ist leer,
Kein Schattenglück kann diesen Busen kühlen;
Oh! führe mir die Lebende daher,
Laß ihre Hand, die zärtliche, mich fühlen,
Den Schatten nur von ihres Mantels Saum,
Und in das Leben tritt der hohle Traum.

  Und leis, wie aus himmlischen Höhen
  Die Stunde des Glückes erscheint,
    So war sie genaht, ungesehen,
    Und weckte mit Küssen den Freund.

*Friedrich Schiller*

## STÄNDCHEN: SCHIFFERLIEDCHEN

Schon hat die Nacht den Silberschrein
Des Himmels aufgetan:
Nun spült der See den Widerschein
Zu dir, zu dir hinan!

Und in dem Glanze schaukelt sich
Ein leichter dunkler Kahn;
Der aber trägt und schaukelt mich
Zu dir, zu dir hinan!

Ich höre schon den Brunnen gehn
Dem Pförtlein nebenan,
Und dieses hat ein gütig Wehn
Von Osten aufgetan.

Das Sternlein schießt, vom Baume fällt
Das Blust in meinen Kahn;
Nach Liebe dürstet alle Welt –
Nun, Schifflein, leg dich an!

*Gottfried Keller*

Im wunderschönen Monat Mai,
Als alle Knospen sprangen,
Da ist in meinem Herzen
Die Liebe aufgegangen.

Im wunderschönen Monat Mai,
Als alle Vögel sangen,
Da hab ich ihr gestanden
Mein Sehnen und Verlangen.

*Heinrich Heine*

# Gefunden

## Bei den weissen Stiefmütterchen

Bei den weißen Stiefmütterchen
Im Park wie ers mir auftrug
Stehe ich unter der Weide
Ungekämmte Alte blattlos
Siehst du sagt sie er kommt nicht

Ach sage ich er hat sich den Fuß gebrochen
Eine Gräte verschluckt, eine Straße
Wurde plötzlich verlegt oder
Er kann seiner Frau nicht entkommen
Viele Dinge hindern uns Menschen

Die Weide wiegt sich und knarrt
Kann auch sein er ist schon tot
Sah blaß aus als er dich untern Mantel küßte
Kann sein Weide kann sein
So wollen wir hoffen er liebt mich nicht mehr

*Sarah Kirsch*

## Das Rosenband

Im Frühlingsschatten fand ich sie;
Da band ich sie mit Rosenbändern:
Sie fühlt' es nicht und schlummerte.

Ich sah sie an; mein Leben hing
Mit diesem Blick an ihrem Leben:
Ich fühlt es wohl und wußt es nicht.

Doch lispelt ich ihr sprachlos zu
Und rauschte mit den Rosenbändern:
Da wachte sie vom Schlummer auf.

Sie sah mich an; ihr Leben hing
Mit diesem Blick an meinem Leben,
Und um uns ward's Elysium.

*Friedrich Gottlieb Klopstock*

## GEFUNDEN

Ich ging im Walde
So für mich hin,
Und nichts zu suchen,
Das war mein Sinn.

Im Schatten sah ich
Ein Blümchen stehn,
Wie Sterne leuchtend,
Wie Äuglein schön.

Ich wollt es brechen,
Da sagt' es fein:
Soll ich zum Welken
Gebrochen sein?

Ich grub's mit allen
Den Würzlein aus,
Zum Garten trug ich's
Am hübschen Haus.

Und pflanzt es wieder
Am stillen Ort;
Nun zweigt es immer
Und blüht so fort.

*Johann Wolfgang Goethe*

## DER KIRCHENBESUCH

Wie ein Fischlein in dem Garn
Hat der Dom mich eingefangen,
Und da bin ich festgebannt –
Warum bin ich dreingegangen?
Ach, wie unter breiten Malven
Taubesprengt ein Röslein blitzt,
Zwischen guten Bürgerfrauen
Hier mein feines Liebchen sitzt!

Die Gemeinde schnarcht so sanft,
Wie das Laub im Walde rauschet,
Und der Bettler an der Tür
Als ein Räuber guckt und lauschet;
Doch wie eines Bächleins Faden
Murmelnd durchs Gebüsche fließt,
So die lange dünne Predigt
Um die Pfeiler sich ergießt.

Eichenbäume, hoch und schlank,
All die gotischen Pfeiler ragen;
Ein gewölbtes Blätterdach
Ihre krausen Äste tragen;
Untenher spielt hin und wieder
Dämmerhaft ein Sonnenschein;
Wachend sind in dieser Stille
Nur mein Lieb und ich allein.

Zwischen uns webt sich ein Netz
Von des Lichts gebrochnem Strahle,
Drin der Taufstein, grün und rot,
Wandelt sich zur Blumenschale;

Ein geflügelt Knäblein flattert
Auf des Deckels altem Knauf,
Und es gehen uns im Busen
Auch der Sehnsucht Rosen auf.

Weit hinaus, ins Morgenland,
Komm, mein Kind, und laß uns fliegen,
Wo die Palmen schwanken am Meer
Und die sel'gen Inseln liegen,
Flutend um die große Sonne
Grundlos tief die Himmel blaun:
Angesichts der freien Wogen
Unsre Seelen frei zu traun!

*Gottfried Keller*

## Einen Sommer lang

Zwischen Roggenfeld und Hecken
Führt ein schmaler Gang,
Süßes, seliges Verstecken
Einen Sommer lang.

Wenn wir uns von ferne sehen,
Zögert sie den Schritt,
Rupft ein Hälmchen sich im Gehen,
Nimmt ein Blättchen mit.

Hat mit Ähren sich das Mieder
Unschuldig geschmückt,
Sich den Hut verlegen nieder
In die Stirn gerückt.

Finster kommt sie langsam näher,
Färbt sich rot wie Mohn,
Doch ich bin ein feiner Späher,
Kenn die Schelmin schon.

Noch ein Blick in Weg und Weite,
Ruhig liegt die Welt,
Und es hat an ihre Seite
Mich der Sturm gesellt.

Zwischen Roggenfeld und Hecken
Führt ein schmaler Gang,
Süßes, seliges Verstecken
Einen Sommer lang.

*Detlev von Liliencron*

## Im Garten

Die hohen Himbeerwände
Trennten dich und mich,
Doch im Laubwerk unsre Hände
Fanden von selber sich.

Die Hecke konnt es nicht wehren,
Wie hoch sie immer stund:
Ich reichte dir die Beeren
Und du reichtest mir deinen Mund.

Ach, schrittest du durch den Garten
Noch einmal in raschem Gang,
Wie gerne wollt ich warten,
Warten stundenlang.

*Theodor Fontane*

Under der linden
an der heide,
da unser zweier bette was
da mugent ir vinden
schone beide
gebrochen bloumen unde gras.
vor dem walde in einem tal,
tandaradei
schone sanc diu nahtegal

Ich kan gegangen
zuo der ouwe
do was min friedel komen e
da wart ich enpfangen
here frowe
das ich bin selig iemer me
kuster mich wol tusent stunt:
tandaradei
seht wie rot mir ist der munt

Do hat er gemachet
also riche
von bluomen eine bettestat.
des wirt noch gelachet
innekliche
kumt iemen an das selbe pfat
bi den rosen er wol mac
tandaradei
merken wa mirs houbet lac

Das er bi mir lege
wesses iemen
nun welle got so schamt ich mich
wes er mit mir pflege
niemer niemen
bevinde das wan er und ich
und ein kleines vogellin
tandaradei
das mac wol getriuwe sin

*Walther von der Vogelweide*

## LIEBESANFANG

O Lächeln, erstes Lächeln, unser Lächeln.
Wie war das Eines: Duft der Linden atmen,
Parkstille hören –, plötzlich in einander
aufschaun und staunen bis heran ans Lächeln.

In diesem Lächeln war Erinnerung
an einen Hasen, der da eben drüben
im Rasen spielte; dieses war die Kindheit
des Lächelns. Ernster schon war ihm des Schwanes
Bewegung eingegeben, den wir später
den Weiher teilen sahen in zwei Hälften
lautlosen Abends. – Und der Wipfel Ränder
gegen den reinen, freien, ganz schon künftig
nächtigen Himmel hatten diesem Lächeln
Ränder gezogen gegen die entzückte
Zukunft im Antlitz.

*Rainer Maria Rilke*

## Erinnerung an die Marie A.

### 1

An jenem Tag im blauen Mond September
Still unter einem jungen Pflaumenbaum
Da hielt ich sie, die stille bleiche Liebe
In meinem Arm wie einen holden Traum.
Und über uns im schönen Sommerhimmel
War eine Wolke, die ich lange sah
Sie war sehr weiß und ungeheuer oben
Und als ich aufsah, war sie nimmer da.

### 2

Seit jenem Tag sind viele, viele Monde
Geschwommen still hinunter und vorbei
Die Pflaumenbäume sind wohl abgehauen
Und fragst du mich, was mit der Liebe sei?
So sag ich dir: Ich kann mich nicht erinnern.
Und doch, gewiß, ich weiß schon, was du meinst
Doch ihr Gesicht, das weiß ich wirklich nimmer
Ich weiß nur mehr: Ich küßte es dereinst.

### 3

Und auch den Kuß, ich hätt ihn längst vergessen
Wenn nicht die Wolke da gewesen wär
Die weiß ich noch und werd ich immer wissen
Sie war sehr weiß und kam von oben her.
Die Pflaumenbäume blühn vielleicht noch immer
Und jene Frau hat jetzt vielleicht das siebte Kind
Doch jene Wolke blühte nur Minuten
Und als ich aufsah, schwand sie schon im Wind.

*Bertolt Brecht*

## O SÜSSES NICHTSTUN

O süßes Nichtstun, an der Liebsten Seite
Zu ruhen auf des Bergs besonnter Kuppe;
Bald abwärts zu des Städtchens Häusergruppe
Den Blick zu senden, bald in ferne Weite!

O süßes Nichtstun, lieblich so gebannt
Zu atmen in den neubefreiten Düften;
Sich locken lassen von den Frühlingslüften,
Hinabzuziehn in das beglänzte Land;
Rückkehren dann aus aller Wunderferne
In deiner Augen heimatliche Sterne.

*Theodor Storm*

## PLATANENABEND

Nebeneinander gehen wir her.
Sehen uns an. Aber nicht mehr.

Linien, die sich im Unendlichen schneiden.
Irgendwas Ähnliches ist mit uns beiden.

Haben die Formel zu gut gelernt.
Nah beieinander und weit entfernt.

Wenn wir uns nun durch Zufall berührten?
Ob wohl die Linien ins Endliche führten?


Platanenabend. Das Licht wird trüber.
Wir wissen es beide und schweigen darüber.

*Eva Strittmatter*

## DÄMMERSTUNDE

Im Sessel du, und ich zu deinen Füßen –
Das Haupt zu dir gewendet, saßen wir;
Und sanfter fühlten wir die Stunden fließen,
Und stiller ward es zwischen mir und dir;
Bis unsre Augen ineinandersanken
Und wir berauscht der Seele Atem tranken.

*Theodor Storm*

Die Lotosblume ängstigt
Sich vor der Sonne Pracht,
Und mit gesenktem Haupte
Erwartet sie träumend die Nacht.

Der Mond, der ist ihr Buhle,
Er weckt sie mit seinem Licht,
Und ihm entschleiert sie freundlich
Ihr frommes Blumengesicht.

Sie blüht und glüht und leuchtet,
Und starret stumm in die Höh';
Sie duftet und weinet und zittert
Vor Liebe und Liebesweh.

*Heinrich Heine*

## ABEND

Komm, Liebchen, es neigen
Die Wälder sich dir;
Und alles mit Schweigen
Erwartet dich hier.

Der Himmel, ich bitte,
Von Wölkchen wie leer!
Der Mond in der Mitte,
Die Sternlein umher!

Der Himmel im glatten
Umdämmerten Quell!
Dies Plätzchen im Schatten,
Das andre so hell!

Im Schatten, der Liebe
Dich lockendes Glück,
Dir flüsternd: es bliebe
Noch vieles zurück.

Es blieben der süßen
Geheimnisse viel;
So festes Umschließen;
So wonniges Spiel!

Da rauscht es! Da wanken
Auf jeglichem Baum
Die Äste, da schwanken
Die Vögel im Traum.

Dies Wanken, dies Zittern
Der Blätter im Teich –
O Liebe, dein Wittern!
O Liebe, dein Reich!

*Johann Georg Jacobi*

## Ein Liebeslied

Komm zu mir in der Nacht – wir schlafen engverschlungen.
Müde bin ich sehr, vom Wachen einsam.
Ein fremder Vogel hat in dunkler Frühe schon gesungen,
Als noch mein Traum mit sich und mir gerungen.

Es öffnen Blumen sich vor allen Quellen
Und färben sich mit deiner Augen Immortellen …

Komm zu mir in der Nacht auf Siebensternenschuhen
Und Liebe eingehüllt spät in mein Zelt.
Es steigen Monde aus verstaubten Himmelstruhen.

Wir wollen wie zwei seltene Tiere liebesruhen
Im hohen Rohre hinter dieser Welt.

*Else Lasker-Schüler*

Um Mitternacht, wenn die Menschen erst schlafen,
Dann scheinet uns der Mond,
Dann leuchtet uns der Stern;
Wir wandlen und singen
Und tanzen erst gern.

Um Mitternacht, wenn die Menschen erst schlafen,
Auf Wiesen an den Erlen
Wir suchen unsern Raum
Und wandlen und singen
Und tanzen einen Traum.

*Johann Wolfgang Goethe*

## ZUM EINSCHLAFEN ZU SAGEN

Ich möchte jemanden einsingen,
bei jemandem sitzen und sein.
Ich möchte dich wiegen und kleinsingen
und begleiten schlafaus und schlafein.
Ich möchte der Einzige sein im Haus,
der wüßte: die Nacht war kalt.
Und möchte horchen herein und hinaus
in dich, in die Welt, in den Wald.
Die Uhren rufen sich schlagend an,
und man sieht der Zeit auf den Grund.
Und unten geht noch ein fremder Mann
und stört einen fremden Hund.
Dahinter wird Stille. Ich habe groß
die Augen auf dich gelegt;
und sie halten dich sanft und lassen dich los,
wenn ein Ding sich im Dunkel bewegt.

*Rainer Maria Rilke*

# Römische Elegien

## Fünfte Elegie

Froh empfind ich mich nun auf klassischem Boden
    begeistert;
  Vor- und Mitwelt spricht lauter und reizender mir.
Hier befolg ich den Rat, durchblättre die Werke der Alten
  Mit geschäftiger Hand, täglich mit neuem Genuß.
Aber die Nächte hindurch hält Amor mich anders
    beschäftigt;
  Werd ich auch halb nur gelehrt, bin ich doch doppelt
    beglückt.
Und belehr ich mich nicht, indem ich des lieblichen
    Busens
  Formen spähe, die Hand leite die Hüften hinab?
Dann versteh ich den Marmor erst recht; ich denk und
    vergleiche,
  Sehe mit fühlendem Aug, fühle mit sehender Hand.
Raubt die Liebste denn gleich mir einige Stunden des
    Tages,
  Gibt sie Stunden der Nacht mir zur Entschädigung hin.
Wird doch nicht immer geküßt, es wird vernünftig
    gesprochen;
  Überfällt sie der Schlaf, lieg ich und denke mir viel.
Oftmals hab ich auch schon in ihren Armen gedichtet
  Und des Hexameters Maß leise mit fingernder Hand
Ihr auf den Rücken gezählt. Sie atmet in lieblichem
    Schlummer,
  Und es durchglühet ihr Hauch mir bis ins Tiefste die
    Brust.
Amor schüret die Lamp indes und denket der Zeiten,
  Da er den nämlichen Dienst seinen Triumvirn getan.

*Johann Wolfgang Goethe*

Du liegst mir so gern im Arme,
Du liegst mir am Herzen so gern!
Ich bin dein ganzer Himmel,
Du bist mein liebster Stern.

Tief unter uns, da wimmelt
Das närrische Menschengeschlecht;
Sie schreien und wüten und schelten,
Und haben alle recht.

Sie klingeln mit ihren Kappen
Und zanken ohne Grund;
Mit ihren Kolben schlagen
Sie sich die Köpfe wund.

Wie glücklich sind wir beide,
Daß wir von ihnen so fern –
Du birgst in deinem Himmel
Das Haupt, mein liebster Stern!

*Heinrich Heine*

## Ein alter Tibetteppich

Deine Seele, die die meine liebet,
Ist verwirkt mit ihr im Teppichtibet.

Strahl in Strahl, verliebte Farben,
Sterne, die sich himmellang umwarben.

Unsere Füße ruhen auf der Kostbarkeit,
Maschentausendabertausendweit.

Süßer Lamasohn auf Moschuspflanzenthron,
Wie lange küßt dein Mund den meinen wohl
Und Wang die Wange buntgeknüpfte Zeiten schon?

*Else Lasker-Schüler*

## MONDNACHT

Es war, als hätt der Himmel
Die Erde still geküßt,
Daß sie im Blütenschimmer
Von ihm nun träumen müßt.

Die Luft ging durch die Felder,
Die Ähren wogten sacht,
Es rauschten leis die Wälder,
So sternklar war die Nacht.

Und meine Seele spannte
Weit ihre Flügel aus,
Flog durch die stillen Lande,
Als flöge sie nach Haus.

*Joseph von Eichendorff*

Du liegst und schweigst und träumst der Stunde nach,
der Süssigkeit, dem sanften Sein des Andern,
keiner ist übermächtig oder schwach,
du giebst und nimmst und giebst – die Kräfte wandern.

Gewisses Fühlen und gewisses Sehn,
gewisse Worte aus gewisser Stunde –,
und keiner löst sich je aus diesem Bunde
der Veilchen, Nesseln und der Orchideen.

Und dennoch musst du es den Parzen lassen,
dem Fädenspinnen und dem Flockenstreun –,
du kannst nur diese Hand, die schmale, fassen
und diesmal noch das tiefe Wort erneu'n.

*Gottfried Benn*

## Früh am Tage

In der Fensterluken schmale Ritzen
klemmt der Morgen seine Fingerspitzen.
Kann von meinem Mädchen mich nicht trennen,
muß mit tausend Schmeichelnamen sie benennen.

Drängt die liebe Kleine nach der Türe,
halt ich sie durch tausend Liebesschwüre.
Muß ich leider endlich selber treiben,
fällt sie wortlos um den Hals mir, möchte bleiben.

Liebster, so, nun laß mich, laß mich gehen.
Doch im Gehen bleibt sie zögernd stehen.
Noch ein letztes Horchen, letzte Winke,
und dann faßt und drückt sie leise, leis die Klinke.

Barfuß schleicht sie, daß sie keiner spüre,
und ich schließe sachte, sacht die Türe,
öffne leise, leise dann die Luken,
in die frische, schöne Morgenwelt zu gucken.

*Detlev von Liliencron*

## Scherz

Einen Morgengruß ihr früh zu bringen,
Und mein Morgenbrot bei ihr zu holen,
Geh ich sachte an des Mädchens Türe,
Öffne rasch, da steht mein schlankes Bäumchen
Vor dem Spiegel schon und wascht sich emsig.
O wie lieblich träuft die weiße Stirne,
Träuft die Rosenwange Silbernässe!
Hangen aufgelöst die süßen Haare!
Locker spielen Tücher und Gewänder.
Aber wie sie zagt und scheucht und abwehrt!
Gleich, sogleich soll ich den Rückzug nehmen!
»Närrchen«, rief ich, »sei mir so kein Närrchen:
Das ist Brautrecht, ist Verlobtensitte.
Laß mich nur, ich will ja blind und lahm sein,
Will den Kopf und alle beiden Augen
In die Fülle deiner Locken stecken,
Will die Hände mit den Flechten binden –«
»Nein, du gehst!« »Im Winkel laß mich stehen,
Dir bescheidentlich den Rücken kehren!«
»Ei, so mag's, damit ich Ruhe habe!«
Und ich stand gehorsam in der Ecke,
Lächerlich, wie ein gestrafter Junge,
Der die Lektion nicht wohl bestanden,
Muckste nicht und kühlte mir die Lippen
An der weißen Wand mit leisem Kusse,
Eine volle, eine lange Stunde;

Ja, so wahr ich lebe. Doch, wer etwa
Einen kleinen Zweifel möchte haben
(Was ich ihm just nicht verargen dürfte),
Nun, der frage nur das Mädchen selber:
Die wird ihn – noch zierlicher belügen.

*Eduard Mörike*

# Nur wer die Sehnsucht kennt

## CHRISTIANE

Es stand ein Sternlein am Himmel,
    Ein Sternlein guter Art;
Das tät so lieblich scheinen,
    So lieblich und so zart!

Ich wußte seine Stelle
    Am Himmel, wo es stand;
Trat abends vor die Schwelle,
    Und suchte, bis ich's fand;

Und blieb denn lange stehen,
    Hatt große Freud in mir:
Das Sternlein anzusehen;
    Und dankte Gott dafür.

Das Sternlein ist verschwunden;
    Ich suche hin und her
Wo ich es sonst gefunden,
    Und find es nun nicht mehr.

*Matthias Claudius*

## Das letzte Mal

Du gingest fort. – In meinem Zimmer
Klingt noch leis dein letztes Wort.
Schöner Stunden matter Schimmer
Blieb zurück. Doch du bist fort.

Lang noch seh ich steile Stufen
Zögernd dich hinuntergehn,
Lang noch spür ich ungerufen
Dich nach meinem Fenster sehn,

Oft noch hör ich ungesprochen
Stumm versinken manches Wort,
Oft noch das gewohnte Pochen
An der Tür. – Doch du bist fort.

*Mascha Kaléko*

## DAS ELFTE SONETT

Als ich dich in dies fremde Land verschickte
Sucht ich dir, rechnend mit sehr kalten Wintern
Die dicksten Hosen aus für den (geliebten) Hintern
Und für die Beine Strümpfe, gut gestrickte!

Und für die Brust und für unten am Leibe
Und für den Rücken sucht ich reine Wolle
Damit sie, was ich liebe, wärmen solle
Und etwas Wärme von mir bei dir bleibe.

So zog ich diesmal dich mit Sorgfalt an
Wie ich dich manchmal auszog (viel zu selten!
Ich wünscht, ich hätt das öfter noch getan!)

Mein Anziehn sollt dir wie mein Ausziehn gelten!
Nunmehr ist, dacht ich, alles gut verwahrt
Daß es auch nicht erkalt, so aufgespart!

*Bertolt Brecht*

## Willkommen und Abschied

Es schlug mein Herz, geschwind zu Pferde!
Es war getan fast eh gedacht;
Der Abend wiegte schon die Erde,
Und an den Bergen hing die Nacht:
Schon stand im Nebelkleid die Eiche,
Ein aufgetürmter Riese, da,
Wo Finsternis aus dem Gesträuche
Mit hundert schwarzen Augen sah.

Der Mond von einem Wolkenhügel
Sah kläglich aus dem Duft hervor,
Die Winde schwangen leise Flügel,
Umsausten schauerlich mein Ohr;
Die Nacht schuf tausend Ungeheuer;
Doch frisch und fröhlich war mein Mut:
In meinen Adern welches Feuer!
In meinem Herzen welche Glut!

Dich sah ich, und die milde Freude
Floß von dem süßen Blick auf mich;
Ganz war mein Herz an deiner Seite
Und jeder Atemzug für dich.
Ein rosenfarbnes Frühlingswetter
Umgab das liebliche Gesicht,
Und Zärtlichkeit für mich – ihr Götter!
Ich hofft es, ich verdient es nicht!

Doch ach, schon mit der Morgensonne
Verengt der Abschied mir das Herz:
In deinen Küssen welche Wonne!
In deinem Auge welcher Schmerz!

Ich ging, du standst und sahst zur Erden,
Und sahst mir nach mit nassem Blick:
Und doch, welch Glück, geliebt zu werden!
Und lieben, Götter, welch ein Glück!

*Johann Wolfgang Goethe*

## AD INFINITUM

Alle die fortgehen
Durch die Glastür aufs Rollfeld
Durch die Bahnhofssperre
Die sich umdrehen winken
Deren Blicke zu Boden sinken
Deren Gestalten
Langsam undeutlich werden
Alle sind du.
Du stehst bei mir
Wendest dich ab gehst fort
Wirst kleiner und kleiner
Seit wann
Seit dein Tod mir am Hals hing
Mir die Kehle zudrückte
Stehst du immer wieder bei mir
Wendest dich ab gehst fort
Den Bahnsteig entlang
Rollfeldüber
Wirst kleiner und kleiner
Stehst da
Wendest dich ab
Gehst –

*Marie Luise Kaschnitz*

## ABSCHIED

Wie hab ich das gefühlt was Abschied heißt.
Wie weiß ichs noch: ein dunkles unverwundnes
grausames Etwas, das ein Schönverbundnes
noch einmal zeigt und hinhält und zerreißt.

Wie war ich ohne Wehr, dem zuzuschauen,
das, da es mich, mich rufend, gehen ließ,
zurückblieb, so als wärens alle Frauen
und dennoch klein und weiß und nichts als dies:

Ein Winken, schon nicht mehr auf mich bezogen,
ein leise Weiterwinkendes –, schon kaum
erklärbar mehr: vielleicht ein Pflaumenbaum,
von dem ein Kuckuck hastig abgeflogen.

*Rainer Maria Rilke*

## STAPFEN

In jungen Jahren war's. Ich brachte dich
Zurück ins Nachbarhaus, wo du zu Gast,
Durch das Gehölz. Der Nebel rieselte,
Du zogst des Reisekleids Kapuze vor
Und blicktest traulich mit verhüllter Stirn.
Naß ward der Pfad. Die Sohlen prägten sich
Dem feuchten Waldesboden deutlich ein,
Die wandernden. Du schrittest auf dem Bord,
Von deiner Reise sprechend. Eine noch,
Die längre, folge drauf, so sagtest du.
Dann scherzten wir, der nahen Trennung klug
Das Angesicht verhüllend, und du schiedst,
Dort wo der First sich über Ulmen hebt.
Ich ging denselben Pfad gemach zurück,
Leis schwelgend noch in deiner Lieblichkeit,
In deiner wilden Scheu, und wohlgemut
Vertrauend auf ein baldig Wiedersehn.
Vergnüglich schlendernd, sah ich auf dem Rain
Den Umriß deiner Sohlen deutlich noch
Dem feuchten Waldesboden eingeprägt,
Die kleinste Spur von dir, die flüchtigste,
Und doch dein Wesen: wandernd, reisehaft,
Schlank, rein, walddunkel, aber o wie süß!
Die Stapfen schritten jetzt entgegen dem
Zurück dieselbe Strecke Wandernden:
Aus deinen Stapfen hobst du dich empor
Vor meinem innern Auge. Deinen Wuchs
Erblickt ich mit des Busens zartem Bug.
Vorüber gingst du, eine Traumgestalt.
Die Stapfen wurden jetzt undeutlicher,
Vom Regen halb gelöscht, der stärker fiel.

Da überschlich mich eine Traurigkeit:
Fast unter meinem Blick verwischten sich
Die Spuren deines letzten Gangs mit mir.

*Conrad Ferdinand Meyer*

Nur wer die Sehnsucht kennt,
Weiß, was ich leide!
Allein und abgetrennt
Von aller Freude,
Seh ich ans Firmament
Nach jener Seite.
Ach! der mich liebt und kennt,
Ist in der Weite.
Es schwindelt mir, es brennt
Mein Eingeweide.
Nur wer die Sehnsucht kennt,
Weiß, was ich leide!

*Johann Wolfgang Goethe*

## LIEBESLIED

Wenn du mich einmal nicht mehr liebst,
Laß mich das ehrlich wissen.
Daß du mir keine Lüge gibst
Noch Trug in deinen Küssen!

Daß mir dein Herz die Treue hält,
Mußt du mir niemals schwören.
Wenn eine andre dir gefällt,
Sollst du nicht mir gehören.

Wenn du mich einmal nicht mehr magst,
Und geht mein Herz in Scherben –
Daß du nicht fragst, noch um mich klagst!
Ich kann so leise sterben.

*Mascha Kaléko*

## Schattenriss

Dämmerstunde Dezember.
Mondbleiche weiß bereift.
Glühende Asche *ember*.
Von etwas wie Liebe gestreift.

Blau blühende Trichterwinden
In einem Orangenstrauch.
Das Leben kann lösen und binden.
Uns band und löste es auch.

Dezember Dämmerstunde.
Blaue Erinnernis.
Orangen duften am Grunde
Vor deinem Schattenriß.

*Eva Strittmatter*

## NÄHE DES GELIEBTEN

Ich denke dein, wenn mir der Sonne Schimmer
   Vom Meere strahlt;
Ich denke dein, wenn sich des Mondes Flimmer
   In Quellen malt.

Ich sehe dich, wenn auf dem fernen Wege
   Der Staub sich hebt;
In tiefer Nacht, wenn auf dem schmalen Stege
   Der Wandrer bebt.

Ich höre dich, wenn dort mit dumpfem Rauschen
   Die Welle steigt.
Im stillen Haine geh ich oft zu lauschen,
   Wenn alles schweigt.

Ich bin bei dir, du seist auch noch so ferne,
   Du bist mir nah!
Die Sonne sinkt, bald leuchten mir die Sterne.
   O wärst du da!

*Johann Wolfgang Goethe*

## Sehnsucht

Ich denke dein,
Immer denke ich dein.
Menschen sprachen zu mir, doch ich achtet es nicht.
Ich sah in des Abendhimmels tiefes Chinesenblau,
 daran der Mond als runde gelbe Laterne hing,
Und sann einem anderen Monde, dem deinen, nach,
Der dir glänzender Schild eines ionischen Helden
 vielleicht oder sanfter goldener Diskus eines
 erhabenen Werfers wurde.
Im Winkel der Stube saß ich dann ohne Lampenlicht,
 tagmüde, verhüllt, ganz dem Dunkel gegeben,
Die Hände lagen im Schoß, Augen fielen mir zu.
Doch auf die innere Wand der Lider war klein und
 unscharf dein Bild gemalt.
Unter Gestirnen schritt ich an stilleren Gärten, den
 Schattenrissen der Kiefern, flacher, verstummter
 Häuser, steiler Giebel vorbei
Unter weichem düsteren Mantel, den nur zuweilen
 Radknirschen griff, Eulenschrei zerrte,
Und redete schweigend von dir, Geliebter, dem
 lautlosen, dem weißen mandeläugigen Hunde, den
 ich geleitete.

Verschlungene, in ewigen Meeren ertrunkene Nächte!
Da meine Hand in den Flaum deiner Brust sich bettete
 zum Schlummer,
Da unsere Atemzüge sich mischten zu köstlichem Wein,
 den wir in Rosenquarzschale darboten unserer Herrin,
 der Liebe,
Da in Gebirgen der Finsternis die Druse uns wuchs und
 reifte, Hohlfrucht aus Bergkristallen und fliedernen
 Amethysten,

Da die Zärtlichkeit unserer Arme Feuertulpen und
 porzellanblaue Hyazinthen aus welligen, weiten,
 ins Morgengraun reichenden Schollen rief,
Da, auf gewundenem Stengel spielend, die halberschlossene
 Knospe des Mohns wie Natter blutrot über uns züngelte,
Des Ostens Balsam- und Zimmetbäume mit zitterndem
 Laube um unser Lager sich hoben
Und purpurne Weberfinken unserer Munde Hauch in
 schwebende Nester verflochten. –
Wann wieder werden wir in des Geheimnisses Wälder
 fliehn, die, undurchdringlich, Hinde und Hirsch vor
 dem Verfolger schützen?
Wann wieder wird mein Leib deinen hungrig bittenden
 Händen weißes duftendes Brot, wird meines Mundes
 gespaltene Frucht deinen dürstenden Lippen süß sein?
Wann wieder werden wir uns begegnen?
Innige Worte gleich Samen von Würzkraut und Sommer-
 blumen verstreun
Und beglückter verstummen, um nur die singenden
 Quellen unseres Blutes zu hören?
(Fühlst du, Geliebter, mein kleines horchendes Ohr,
 ruhend an deinem Herzen?)
Wann wieder werden im Nachen wir gleiten unter zitron-
 farbnem Segel,
Von silbrig beschäumter, tanzender Woge selig gewiegt,
Vorüber an Palmen, die grüner Turban schmückt wie den
 Sproß des Propheten,
Den Saumriffen ferner Inseln entgegen, Korallenbänken,
 an denen du scheitern willst?
Wann wieder, Geliebter ... wann wieder ...? ...

Nun sintert mein Weg
Durch Ödnis. Dorn ritzt den Fuß.
Bäche, frische, erquickende Wasser, murmeln; aber ich
 finde sie nicht.

Datteln schwellen, die ich nicht koste. Meine
   verschmachtende Seele
Flüstert ein Wort nur, dies einzige:
»Komm ...«
O komm ...
     *Gertrud Kolmar*

## Die Stille

Hörst du, Geliebte, ich hebe die Hände –
hörst du: es rauscht ...
Welche Gebärde der Einsamen fände
sich nicht von vielen Dingen belauscht?
Hörst du, Geliebte, ich schließe die Lider,
und auch *das* ist Geräusch bis zu dir.
Hörst du, Geliebte, ich hebe sie wieder ...
... aber warum bist du nicht hier.

Der Abdruck meiner kleinsten Bewegung
bleibt in der seidenen Stille sichtbar;
unvernichtbar drückt die geringste Erregung
in den gespannten Vorhang der Ferne sich ein.
Auf meinen Atemzügen heben und senken
die Sterne sich.
Zu meinen Lippen kommen die Düfte zur Tränke,
und ich erkenne die Handgelenke
entfernter Engel.
Nur die ich denke: Dich
seh ich nicht.

*Rainer Maria Rilke*

## LOCKE UND LIED
### An Amalie Hassenpflug

Meine Lieder sandte ich dir,
Meines Herzens strömende Quellen,
Deine Locke sandtest du mir,
Deines Hauptes ringelnde Wellen;
Hauptes Welle und Herzens Flut,
Sie zogen einander vorüber;
Haben sie nicht im Kusse geruht?
Schoß nicht ein Leuchten darüber?

Und du klagest: verblichen sei
Die Farbe der wandernden Zeichen;
Scheiden tut weh, mein Liebchen, ei,
Die Scheidenden dürfen erbleichen;
Warst du blaß nicht, zitternd und kalt,
Als ich von dir mich gerissen?
Blicke sie an, du Milde, und bald,
Bald werden den Herrn sie nicht missen.

Auch deine Locke hat sich gestreckt,
Verdrossen, gleich schlafendem Kinde,
Doch ich hab sie mit Küssen geweckt,
Hab sie gestreichelt so linde,
Ihr geflüstert von unserer Treu,
Sie geschlungen um deine Kränze,
Und nun ringelt sie sich aufs neu
Wie eine Rebe im Lenze.

Wenig Wochen, dann grünet der Stamm,
Hat Sonnenschein sich ergossen,
Und wir sitzen am rieselnden Damm,
Die Händ ineinander geschlossen,

Schaun in die Welle und schaun in das Aug
Uns wieder und wieder und lachen,
Und Bekanntschaft mögen dann auch
Die Lock' und der Liederstrom machen.

*Annette von Droste-Hülshoff*

## FRAGEN

Schreib mir, was du anhast! Ist es warm?
Schreib mir, wie du liegst! Liegst du auch weich?
Schreib mir, wie du aussiehst! Ist's noch gleich?
Schreib mir, was dir fehlt! Ist es mein Arm?

Schreib mir, wie's dir geht! Verschont man dich?
Schreibt mir, was sie treiben! Reicht dein Mut?
Schreib mir, was du tust! Ist es auch gut?
Schreib mir, woran denkst du? Bin es ich?

Freilich hab ich dir nur meine Fragen!
Und die Antwort hör ich, wie sie fällt!
Wenn du müd bist, kann ich dir nichts tragen.

Hungerst du, hab ich dir nichts zum Essen.
Und so bin ich grad wie aus der Welt
Nicht mehr da, als hätt ich dich vergessen.

*Bertolt Brecht*

Hast du gestern abend dich,
    Liebster, nicht nach mir gesehnt,
    Wie ich gestern abend mich,
    Liebster, mich nach dir gesehnt?
Liebste! nein, ich habe mich
    Nicht gesehnt beim Abendschein,
    Liebste! denn man sehnet sich
    Nach Abwesendem allein.
Und abwesend warst du nicht,
    Sondern nah in Liebesmacht;
    Weißt du's nicht? mein süßes Licht,
    Bei mir warst du all die Nacht.

*Friedrich Rückert*

## GEHEIME VERABREDUNG

Glühend zwischen dir und mir
Julinächte brüten;
gleiche Sterne dort und hier
unsern Schlaf behüten.

Wähl das schönste Sternelein,
will das gleiche tuen; –
morgen droben Stelldichein
auf geheimen Schuhen.

Gibst du nur nichts anderm Raum,
als mich dort zu finden,
wird ein gleicher süßer Traum
dich und mich verbinden.

*Christian Morgenstern*

## GEHEIMNIS

Dort, wo du bist: schreib ein paar Worte
In deinen Himmel. Schick sie her.
Ich fang sie auf an meinem Orte
Und sende sie, von Liebe schwer,
Zu dir zurück. In dieser Zeile
Wird unser Leben sich verbinden:
Geheimnis, das ich mit dir teile.
Und keiner wird die Lösung finden
Für dieses Rätsel im Gedicht.
Die andern sollen dran erblinden:
So sehr sei es gemacht aus Licht.

*Eva Strittmatter*

Bidi in Peking
Im Allgäu Bi
Guten, sagt *er*
Morgen, sagt sie.

*Bertolt Brecht*

Wenn du mich rufst, unhörbar mit der Seele:
Ich spür es über alle Meere,
Es trifft mich wie ein göttlicher Funkspruch,
Die Vögel schreiben es in den Zenith,
Der Regen morst es an mein Fenster,
Die Bäume rauschen es in den Parks:
Ich breche die Geschäfte ab,
Die Dichterbörse steht still,
Der Vollmond steigt,
Ich komme.

*Yvan Goll*

Willst du mich küssen? Komm!

## Die Beiden

Sie trug den Becher in der Hand
– Ihr Kinn und Mund glich seinem Rand –,
So leicht und sicher war ihr Gang,
Kein Tropfen aus dem Becher sprang.

So leicht und fest war seine Hand:
Er ritt auf einem jungen Pferde.
Und mit nachlässiger Gebärde
Erzwang er, daß es zitternd stand.

Jedoch, wenn er aus ihrer Hand
Den leichten Becher nehmen sollte,
So war es beiden allzu schwer:

Denn beide bebten sie so sehr,
Daß keine Hand die andre fand
Und dunkler Wein am Boden rollte.

*Hugo von Hofmannsthal*

## Verliebte Miniatur

In
ihrem verschlissenen Musselinkleidchen,
das ihr
so
allerliebst, reizendst und ehrpusselig steht,
drauf
rote Herzen als Blumen blühn, und das zu ihrem Brautabend schon
die Großmutter trug,
sitzt,
über ihr
Nähzeug gebückt,
die kleine Madonna mit den strahlenden Goldscheiteln.

Der
Flieder,
durchs offene Fenster,
duftet.

Ein Augenaufschlag:

Willst du mich küssen? Komm!

Dann senkt sie wieder blitzschnell die Wimpern.

*Arno Holz*

## Wie er wolle geküsset sein

Nirgends hin, als auf den Mund,
Da sinkts in des Herzens Grund;
Nicht zu frei, nicht zu gezwungen,
Nicht mit gar zu fauler Zungen.

Nicht zu wenig, nicht zu viel,
Beides wird sonst Kinderspiel.
Nicht zu laut und nicht zu leise
Bei der Maß ist rechte Weise.

Nicht zu nahe, nicht zu weit,
Dies macht Kummer, jenes Leid.
Nicht zu trocken, nicht zu feuchte,
Wie Adonis Venus reichte.

Nicht zu harte, nicht zu weich,
Bald zugleich, bald nicht zugleich.
Nicht zu langsam, nicht zu schnelle,
Nicht ohn' Unterschied der Stelle.

Halb gebissen, halb gehaucht,
Halb die Lippen eingetaucht,
Nicht ohn' Unterschied der Zeiten,
Mehr alleine, denn bei Leuten.

Küsse nun ein jedermann,
Wie er weiß, will, soll und kann!
Ich nur und die Liebste wissen,
Wie wir uns recht sollen küssen.

*Paul Fleming*

Hast du die Lippen mir wund geküßt,
So küsse sie wieder heil,
Und wenn du bis Abend nicht fertig bist,
So hat es auch keine Eil'.

Du hast ja noch die ganze Nacht,
Du Herzallerliebste mein!
Man kann in solch einer ganzen Nacht
Viel küssen und selig sein.

*Heinrich Heine*

## LIEBENDE

Ihre Leiber standen in den Abendschatten licht,
Schmal und hoch, von schimmerloser Bleiche:
Blütenzweig, den Lieb für Liebe bricht,
Windgewiegt und taugeküßt am Teiche.

Stern um Stern kroch übers Dach sie anzusehn,
Und die Schar der zarten Wolkenlämmer
Flockte zögernder in lindem Wehn:
Ihre Leiber standen licht im Dämmer.

War das Eine kurzen Weg hinabgeeilt,
Riefs das Andre um mit stillem Schauen;
Feiner Falterflügel, zwiegeteilt,
Schleierblaß, verwuchsen sie im Grauen.

Leise, wie ein Stückchen leichter Tag,
Sind sie dann in Nacht und Gras gegangen. –
Und die braunen Hasen im Verschlag
Äugten wundernd durch die Gitterstangen.

*Gertrud Kolmar*

## Deine Wimpern, die langen
### An Hildegard K.

Deine Wimpern, die langen,
Deiner Augen dunkele Wasser,
Laß mich tauchen darein,
Laß mich zur Tiefe gehn.

Steigt der Bergmann zum Schacht
Und schwankt seine trübe Lampe
Über der Erze Tor,
Hoch an der Schattenwand,

Sieh, ich steige hinab,
In deinem Schoß zu vergessen,
Fern, was von oben dröhnt,
Helle und Qual und Tag.

An den Feldern verwächst,
Wo der Wind steht, trunken vom Korn,
Hoher Dorn, hoch und krank
Gegen das Himmelsblau.

Gib mir die Hand,
Wir wollen einander verwachsen,
Einem Wind Beute,
Einsamer Vögel Flug,

Hören im Sommer
Die Orgel der matten Gewitter,
Baden in Herbsteslicht
Am Ufer des blauen Tags.

Manchmal wollen wir stehn
Am Rand des dunkelen Brunnens,
Tief in die Stille zu sehn,
Unsere Liebe zu suchen.

Oder wir treten hinaus
Vom Schatten der goldenen Wälder,
Groß in ein Abendrot,
Das dir berührt sanft die Stirn.

Göttliche Trauer,
Schweige der ewigen Liebe.
Hebe den Krug herauf,
Trinke den Schlaf.

Einmal am Ende zu stehen,
Wo Meer in gelblichen Flecken
Leise schwimmt schon herein
Zu der September Bucht.

Oben zu ruhn
Im Hause der durstigen Blumen,
Über die Felsen hinab
Singt und zittert der Wind.

Doch von der Pappel,
Die ragt im Ewigen Blauen,
Fällt schon ein braunes Blatt,
Ruht auf dem Nacken dir aus.

*Georg Heym*

## ES IST NACHT

Es ist Nacht,
und mein Herz kommt zu dir,
hält's nicht aus,
hält's nicht aus mehr bei mir.

Legt sich dir auf die Brust,
wie ein Stein,
sinkt hinein,
zu dem deinen hinein.

Dort erst,
dort erst kommt es zur Ruh,
liegt am Grund
seines ewigen Du.

*Christian Morgenstern*

## VERSUNKEN

Voll Locken kraus ein Haupt so rund! –
Und darf ich dann in solchen reichen Haaren
Mit vollen Händen hin und wider fahren,
Da fühl ich mich von Herzensgrund gesund.
Und küß ich Stirne, Bogen, Auge, Mund,
Dann bin ich frisch und immer wieder wund.
Der fünfgezackte Kamm, wo sollt er stocken?
Er kehrt schon wieder zu den Locken.
Das Ohr versagt sich nicht dem Spiel,
Hier ist nicht Fleisch, hier ist nicht Haut,
So zart zum Scherz, so liebeviel!
Doch wie man auf dem Köpfchen kraut,
Man wird in solchen reichen Haaren
Für ewig auf und nieder fahren.
So hast du, Hafis, auch getan,
Wir fangen es von vornen an.

*Johann Wolfgang Goethe*

## Die Liebenden

Sieh, wie sie zu einander erwachsen:
in ihren Adern wird alles Geist.
Ihre Gestalten beben wie Achsen,
um die es heiß und hinreißend kreist.
Dürstende, und sie bekommen zu trinken,
Wache und sieh: sie bekommen zu sehn.
Laß sie ineinander sinken,
um einander zu überstehn.

*Rainer Maria Rilke*

## Geborgen

Immer, meine Liebe,
gehst du mit mir
wie mit einer kleinen Flamme um.

Vorsichtig hältst du
deine Hände über mich,
atmest du leise,
schweigst du besorgt.
Woher weißt du das nur,
meine Liebe?

*Heinz Kahlau*

## An Calisten

Ich kann mir nicht mehr widerstreben;
   Die Schönheit flößt mir das Gelüste ein.
Im Paradies kann keiner leben,
   Und ohne Fall und Fehltritt sein.
Dein Edenplatz, mein Kind Caliste,
   Zieht meine Hand
Auf deinen Kreis der runden Brüste
   Und meinen Leib in dein gelobtes Land.

Der Lenz pflegt uns in Herbst zu leiten;
   Das Jahr läßt uns nach Blumen Früchte sehn:
Laß mich doch auch nach deinen Zeiten
   In deinen Anmutsgarten gehn.
Mein Frühling ist ein Kuß gewesen,
   Laß aus der Schoß
Mich endlich reife Früchte lesen,
   Wie in dem Stand der Unschuld, nackt und bloß.

Eröffne mir das Tor zum Lande,
   Wo Zucker rinnt und Wollust Tafel hält;
Laß meinen Kahn am engen Strande
   In deine neuerfundne Welt.
Du darfst dich nicht, Caliste, schämen;
   Das Feigenblatt,
Das Eva für sich mußte nehmen,
   Zeigt und verdeckt nicht unsre Lagerstatt.

Bestrafe mich mit keinem Tadel,
  Daß deinen Schoß mein Herze lieb gewinnt;
Denn der Magnet forscht mit der Nadel,
  Bis er den Mittelpunkt ergründ't.
Ein Schäfchen weid't in Tal und Auen,
  Wo Schatten ist;
Mein Herze will das deine schauen;
  Drum such' ich es – da, wo du offen bist.

*Johann von Besser*

## TRIEB

Schrecken Sträuben
Wehren Ringen
Ächzen Schluchzen
Stürzen
Du!
Grellen Gehren
Winden Klammern
Hitzen Schwächen
Ich und Du!
Lösen Gleiten
Stöhnen Wellen
Schwinden Finden
Ich
Dich
Du!

*August Stramm*

## Du bist mein Land

Du bist mein Land,
ich deine Flut,
die sehnend dich ummeeret;
du bist der Strand,
dazu mein Blut
ohn' Ende wiederkehret.

An dich geschmiegt,
mein Spiegel wiegt
das Licht der tausend Sterne;
und leise rollt
dein Muschelgold
in meine Meeresgrundferne.

*Christian Morgenstern*

## ICH UND DU

Wir träumten voneinander
Und sind davon erwacht,
Wir leben, um uns zu lieben,
Und sinken zurück in die Nacht.

Du tratst aus meinem Traume,
Aus deinem trat ich hervor,
Wir sterben, wenn sich eines
Im andern ganz verlor.

Auf einer Lilie zittern
Zwei Tropfen, rein und rund,
Zerfließen in eins und rollen
Hinab in des Kelches Grund.

*Friedrich Hebbel*

## Die Liebe ein Traum

Ein letzter Kuß streift ihre Wimpern, und
Ermattet von der Lust schließt sie die schönen,
Die müden Augen, atmet tief – und schläft.
Schon hebt sich leicht die Brust,
Senkt leicht sich
Dem Traum entgegen
Wie Mond dem Meer,
Wie Welle sich an Welle schmiegt
Und fällt und steigt.
Ich rühr mich kaum, damit ich sie nicht wecke,
Doch wie ihr leiser Atem mich
Wie Mohnduft trifft,
Bin ich entzündet und vom stummen Glanz der Glieder
Entflammt.
Ich neige mich zu ihr und liebe sanft
Die Schlafende, die einmal nur im Traum
Wie eine Taube
Verschlafen gurrt
Und seufzt. –
Sie träumt
Vielleicht,
Daß ich sie liebe ...

*Klabund*

## Zwei Segel

Zwei Segel erhellend
Die tiefblaue Bucht!
Zwei Segel sich schwellend
Zu ruhiger Flucht!

Wie eins in den Winden
Sich wölbt und bewegt,
Wird auch das Empfinden
Des andern erregt.

Begehrt eins zu hasten,
Das andre geht schnell,
Verlangt eins zu rasten,
Ruht auch sein Gesell.

*Conrad Ferdinand Meyer*

## RÖMISCHES NACHTBILD

Wenn das Schaukelbrett die sieben Hügel
nach oben entführt, gleitet es auch,
von uns beschwert und umschlungen,
ins finstere Wasser,

taucht in den Flußschlamm, bis in unsrem Schoß
die Fische sich sammeln.
Ist die Reihe an uns,
stoßen wir ab.

Es sinken die Hügel,
wir steigen und teilen
jeden Fisch mit der Nacht.

Keiner springt ab.
So gewiß ist's, daß nur die Liebe
und einer den andern erhöht.

*Ingeborg Bachmann*

## Die Liebe

Wenn ihr Freunde vergeßt, wenn ihr die Euern all,
 O ihr Dankbaren, sie, euere Dichter schmäht,
  Gott vergeb es, doch ehret
   Nur die Seele der Liebenden.

Denn o saget, wo lebt menschliches Leben sonst,
 Da die knechtische jetzt alles, die Sorge, zwingt?
  Darum wandelt der Gott auch
   Sorglos über dem Haupt uns längst.

Doch, wie immer das Jahr kalt und gesanglos ist
 Zur beschiedenen Zeit, aber aus weißem Feld
  Grüne Halme doch sprossen,
   Oft ein einsamer Vogel singt,

Wenn sich mählich der Wald dehnet, der Strom sich regt,
 Schon die mildere Luft leise von Mittag weht
  Zur erlesenen Stunde,
   So ein Zeichen der schönern Zeit,

Die wir glauben, erwächst einziggenügsam noch,
 Einzig edel und fromm über dem ehernen,
  Wilden Boden die Liebe,
   Gottes Tochter, von ihm allein.

Sei gesegnet, o sei, himmlische Pflanze, mir
 Mit Gesange gepflegt, wenn des ätherischen
  Nektars Kräfte dich nähren,
   Und der schöpfrische Strahl dich reift.

Wachs und werde zum Wald! eine beseeltere,
Vollentblühende Welt! Sprache der Liebenden
  Sei die Sprache des Landes,
    Ihre Seele der Laut des Volks!

*Friedrich Hölderlin*

# Anhang

## WUNSCH UND ZAUBERSPRUCH:
## ICH LIEBE DICH

> – Ich liebe dich.
> – Dies ist das Thema.
> Nun schmücken Sie es aus!
>
> *Cyrano de Bergerac*

Gibt es einen schlichteren Satz, der komplizierter wäre? Weiß man von einem, der so viele Gebrauchsspuren schon hat und doch als Geständnis immer Wagnis bleibt? Gibt es einen wie diesen, so wenig originell, der so vieles zu tragen hat: Begehren, Verlangen, Erwartung, Erregung? Und gibt es einen, dessen wir zum Leben so sehr bedürfen?

In der eigenen und in fremden Sprachen führen wir diesen Satz mit uns – abgegriffen und angestoßen, lächerlich und doch heilig, ist er lingua universalis und Formel der Sehnsucht: Ich liebe dich. Das ist das Zauberwort der Liebenden, mit dem sie Einlaß erbitten in ein erotisches Utopia, wo der eine im Herzen des anderen »beslozzen« ist, wie es in dem alten Gedicht heißt: Dû bist mîn, ich bin dîn.

Was auch immer ein mächtiges Ego uns vorspiegelt: Wir sind, wie Platon schon zu bedenken gab, nur Stückwerk, halbe Portion. Wir irren, von Eros beflügelt, unserer anderen, der verlorenen, besseren Hälfte nach und träumen, daß aus zwei Teilen wieder ein Ganzes zu machen sei. Darum geht es, wenn, wie Schiller sagt, »die Stunde des Glückes erscheint« und endlich gefunden ist, was wir so sehnlich suchten. So geht er hin, der ewige Liebesreigen: Er sucht sie, sie sucht ihn, er sucht ihn und sie sucht sie.

Wer liebt, der muß seine Gefühle erst sprachlich fassen. Dem Wechsel der Blicke müssen bald Worte folgen: zärtlich, werbend, verrückt, leidenschaftlich, geistreich. Aber wie können wir, wenn uns das Herz übergeht und uns vor Glück die Sinne schwinden, dem andern unsere Liebe erklären? Wie sagt man das vermeintlich Einfache, das Naheliegende – ich liebe dich – auf originelle Weise, so daß der Funke überspringt und das Verlangen erwidert wird?

Manchem ergeht es wie dem schönen Christian in »Cyrano de Bergerac«, dem es im entscheidenden Moment die Sprache verschlägt:

Roxane: Sprechen Sie. Ich höre.
Christian: Ich liebe Sie.
Roxane: Ja, erzählen Sie mir von der Liebe.
Christian: Ich liebe dich.
Roxane: Dies ist das Thema. Nun schmücken Sie es aus.
Christian: Ich …
Roxane: Schmücken Sie es aus!
Christian: Ich liebe dich so sehr.
Roxane: Nun gut, doch weiter …?

Christian, schön, aber allzu schlicht, gerät in große Verlegenheit. Stammelnd und stotternd droht er an den Ansprüchen Roxanes zu scheitern. Er biete saure Milch, so die Schöne naserümpfend, wo sie doch Sahne wolle. Das Thema, die Liebe, verlange zunächst Beredsamkeit, fordert die Geliebte, die erst mit Worten verführt und dann erobert werden möchte. Roxane ist ernüchtert, und Christian, der sich eben noch im siebten Himmel wähnte, landet unsanft auf dem Boden der Tatsachen: Seine Gefühle reichen weiter als sein Geist, der, etwas lahm und einsilbig, die Gefühle nicht in Worte fassen kann.

Gerade noch rechtzeitig betritt die Szene der Dichter Cyrano de Bergerac, der aus dem Hintergrund dem verzweifelten Christian souffliert. Mit Erfolg flüstert er dem sprachlos Glücklichen die richtigen Worte ein. Nicht nur werden jetzt Gefühle endlich Sprache, sondern diese Sprache ruft auch Gefühle hervor. »Ja, das ist Liebe ...«, gesteht Roxane mit bewegter Stimme.

Diese Szene in Rostands Theaterstück veranschaulicht auf komische und hintersinnige Weise, daß, wer liebt, zur Sprache kommen muß.

Liebende tun also gut daran, sich den Dichtern zuzuwenden, da diesen gegeben ist zu sagen, was sie (und wir) empfinden. Schließlich hat ihre Phantasie nichts so beflügelt wie die Liebe, und so machen sie sich seit jeher ihren Reim auf den ewigen Wechsel aus Scheiden und Meiden, Nähern und Verführen, Trennen und Zusammensein, Finden und Sich-Wiederfinden. Mal zauberisch-kostbar wie bei Else Lasker-Schüler, mal spielerisch-verrückt wie Kurt Schwitters' Verse an »Anna Blume«, mal bündig-schließend wie Goethes Reim auf das schwebende, augenblickliche Liebesglück: das »Glück ohne Ruh, Liebe bist du«. In Strophe und Vers, in Reim und Rhythmus, in Hebungen und Senkungen geben sie dem Überschwang und Reichtum der Gefühle eine sprachliche Gestalt. Selbst das Flüchtige im Liebesglück findet in ihren Versen ein gültiges Symbol. »Doch jene Wolke«, heißt es in Brechts »Erinnerung an die Marie A.«, »blühte nur Minuten / Und als ich aufsah, schwand sie schon im Wind«. Trotz der Vergänglichkeit ahnen wir, daß die Liebe zu Marie A. keineswegs vergessen ist.

Was also ist ein schönes Liebesgedicht? Sicher eines, das uns über den Zauber der Liebe aufklärt, ohne ihn zu entzaubern. Eines, das man auch zwischen den Zeilen lesen kann, in dessen Rhythmus die eigenen Erfahrungen mitschwingen und anklingen. Eines, das unsere Gefühle nicht auf den Begriff bringt, sondern sich ihrem Sprachlosen annähert. Eines, das Bedeutungen nicht erklärt, sondern eben: verdichtet.

Liebesgedichte aus allen Epochen und für alle Stimmungen sind in diesem Band versammelt: vom anonymen mittelalterlichen Gedicht bis zur Gegenwartslyrik, von Goethe bis Kahlau, von Heine bis Fried, von Annette von Droste-Hülshoff bis Eva Strittmatter. Darunter solche wie Heines »Im wunderschönen Monat Mai« oder Eichendorffs »Mondnacht«, die ich lange, bevor ich sie verstand, aufsagen konnte. Anderen, wie Goethes »Willkommen und Abschied«, Brechts »Liebende« oder Mascha Kalékos »Liebeslied«, bin ich später begegnet, aber ich lese sie seitdem immer wieder neu. Manche, etwa Golls »Glückliche Männer tragen Strohhüte«, habe ich erst bei der Zusammenstellung dieser Anthologie entdeckt.

Hier also steht, was mich begleitet hat und noch begleitet. Hundert (und mehr) Weisen zu sagen: Ich liebe dich.

Meine Auswahl der hundert schönsten Liebesgedichte ist subjektiv und unbekümmert um Fragen des literarischen Stils oder der literaturhistorischen Zusammenhänge und, wie jede Liebe, weder gerecht noch ausgewogen. Mancher wird freudig in diesem Band Bekanntes oder Neues finden, mancher wird sich um sein Lieblingsgedicht betrogen fühlen, wird es vielleicht wieder einmal hervorholen, lesen und dann meiner Sammlung beistellen. Dafür sind am Ende des Buches Seiten frei gelassen. Auch so wäre ein Ziel dieser Anthologie erreicht, die sich an Leser und Liebende zugleich richtet.

Ich stelle mir dieses Buch in den Händen seiner Leser vor: in der U-Bahn, am Strand, am Flughafen, im Schulhof, am Küchentisch, natürlich im Bett. Ein Handbuch für Liebende, das zu zweit oder allein gelesen oder auch vorgelesen wird. Es kann befördern, was Hölderlin wollte und was daher an seinem Ausklang steht. Es soll die »Sprache der Liebenden« hinaus ins Land tragen, in eine dann »beseeltere, / Vollentblühende Welt«.

Berlin, im Sommer 2004 *Bernd F. Lunkewitz*

## DER HERAUSGEBER

Bernd F. Lunkewitz, geb. 1947, studierte 1969 bis 1972 Neuere deutsche Philologie, Politik und Philosophie an der Universität Frankfurt am Main; nach Studienabbruch bis 1980 Makler für Gewerbeimmobilien in Frankfurt am Main, verwaltet seither eigenen Grundbesitz im gewerblichen Immobilienbereich; seit 1991 Verleger der Aufbau-Verlagsgruppe mit u. a. Aufbau-Verlag, Aufbau Taschenbuch Verlag, Rütten & Loening und Gustav Kiepenheuer Verlag.

## Autoren- und Quellenverzeichnis

*Anonym*
  Dû bist mîn, ich bin dîn ........................ 41
  *Aus:* Des Minnesangs Frühling. Nach Karl Lachmann,
  Moritz Haupt und Friedrich Voigt neu bearbeitet von
  Carl von Kraus. 1950. Unveränderter Nachdruck
  Stuttgart 1967.

*Ingeborg Bachmann (1926–1973)*
  Erklär mir, Liebe .............................. 22
  Römisches Nachtbild .......................... 143
  *Aus:* Ingeborg Bachmann: Werke. Hrsg. von Ch. Koschel, I. von Weidenbaum und C. Münster. Bd. 1.
  © 1978 Piper Verlag GmbH, München.

*Gottfried Benn (1886–1956)*
  Du liegst und schweigst ....................... 91
  *Aus:* G. Benn: Sämtliche Gedichte. © 1998 Klett-Cotta, Stuttgart.

*Johann von Besser (1654–1729)*
  An Calisten .................................. 136
  *Aus:* Herrn von Hoffmannswaldau und andrer Deutschen auserlesener und bißher ungedruckter Gedichte
  erster [bis siebender] Theil. Hrsg. von Benjamin Neukirch. Bd. 1. Leipzig 1697.

*Bertolt Brecht (1898–1956)*
  Das elfte Sonett .............................. 99
  Bidi in Peking ............................... 120
  Die Liebenden ................................ 25
  Erinnerung an die Marie A. .................... 77
  Fragen ...................................... 116
  Morgens und abends zu lesen .................. 45
  *Aus:* B. Brecht: Werke. Große kommentierte Berliner
  und Frankfurter Ausgabe. Bd. 11, 14 und 15. © 1993
  Suhrkamp Verlag, Frankfurt am Main.

*Gottfried August Bürger (1747–1794)*
  Die Unvergleichliche .......................... 36
  *Aus:* Bürgers Werke in einem Band. Ausgewählt und eingeleitet von Lore Kaim-Kloock und Siegfried Streller. Berlin und Weimar: Aufbau-Verlag 1973.

*Adelbert von Chamisso (1781–1838)*
  Pour Madame Adelbert ........................ 47
  *Aus:* A. von Chamisso: Werke in zwei Bänden. Hrsg. von Werner Feudel und Christel Laufer. Leipzig 1981.

*Matthias Claudius (1740–1815)*
  Christiane ...................................... 97
  Die Liebe ...................................... 26
  *Aus:* M. Claudius: Sämtliche Werke. Nach dem Text der Erstausgabe (Asmus 1775–1812) und den Originaldrucken (Nachlese) samt den 10 Bildtafeln von Chodowiecki und den übrigen Illustrationen der Erstausgaben. Mit Nachwort und Bibliographie von Rolf Siebke, Anmerkungen von Hansjörg Platschek und einer Zeittafel. 8. Auflage. Düsseldorf und Zürich 1996.

*Annette von Droste-Hülshoff (1797–1848)*
  Locke und Lied ............................... 114
  *Aus:* A. von Droste-Hülshoff: Sämtliche Werke. Hrsg., in zeitlicher Folge geordnet und mit Nachwort und Erläuterungen versehen von Clemens Hesselhaus. München 1966.

*Joseph von Eichendorff (1788–1857)*
  Mondnacht .................................... 90
  *Aus:* J. von Eichendorff: Gesammelte Werke. Bd. 1: Gedichte, Nachlese, Die Freier. Textrevision und Erläuterungen von Regine Otto. Berlin: Aufbau-Verlag 1962.

*Hans Magnus Enzensberger (geb. 1929)*
  Kopfkissengedicht ............................. 46
  *Aus:* Zukunftsmusik. Gedichte © 1991 Suhrkamp Verlag, Frankfurt am Main.

*Paul Fleming (1609–1640)*
  Wie er wolle geküsset sein . . . . . . . . . . . . . . . . . . . . . . .  127
  *Aus:* P. Fleming: Geist- und Weltliche Poemata. Naumburg und Jena 1660.

*Theodor Fontane (1819–1898)*
  Im Garten . . . . . . . . . . . . . . . . . . . . . . . . . . . . . . . . . . . .  73
  *Aus:* Th. Fontane: Gedichte. Bd. 1. Herausgegeben von Joachim Krueger und Anita Golz. 2., durchgesehene und erweiterte Auflage. Berlin: Aufbau-Verlag 1995 (Große Brandenburger Ausgabe).

*Erich Fried (1921–1988)*
  Nur nicht . . . . . . . . . . . . . . . . . . . . . . . . . . . . . . . . . . .  51
  Was es ist . . . . . . . . . . . . . . . . . . . . . . . . . . . . . . . . . . .  19
  *Aus:* E. Fried: Es ist was es ist. © 1983, NA 1996 Verlag Klaus Wagenbach, Berlin.

*Johann Wolfgang Goethe (1749–1832)*
  Gefunden . . . . . . . . . . . . . . . . . . . . . . . . . . . . . . . . . . .  69
  In tausend Formen magst du dich verstecken . . . . . . .  39
  Mailied . . . . . . . . . . . . . . . . . . . . . . . . . . . . . . . . . . . . .  34
  Nähe des Geliebten . . . . . . . . . . . . . . . . . . . . . . . . . . .  109
  Nur wer die Sehnsucht kennt . . . . . . . . . . . . . . . . . . . .  106
  Rastlose Liebe . . . . . . . . . . . . . . . . . . . . . . . . . . . . . . .  17
  Römische Elegien. Fünfte Elegie . . . . . . . . . . . . . . . . .  87
  Um Mitternacht, wenn die Menschen erst schlafen . .  85
  Versunken . . . . . . . . . . . . . . . . . . . . . . . . . . . . . . . . . .  133
  Willkommen und Abschied . . . . . . . . . . . . . . . . . . . .  100
  *Aus:* J. W. Goethe: Poetische Werke. Berliner Ausgabe. Bd. 1–3. Berlin und Weimar: Aufbau-Verlag 1965–1966.

*Yvan Goll (1891–1950)*
  Deine Augen sind wie die Kirchenfenster von Chartres  38
  Glückliche Männer tragen Strohhüte . . . . . . . . . . . . . .  53
  Wenn du mich rufst, unhörbar mit der Seele . . . . . . . .  121
  *Aus:* Y. Goll: Die Lyrik in vier Bänden. Bd. 2: Liebesgedichte 1917–1950. Hrsg. und kommentiert von Barbara Glauert-Hesse im Auftrag der Fondation Yvan et Claire Goll, Saint-Dié-des-Vosges © 1996 Argon Ver-

lag, Berlin, S. 381, 105, 482. Alle Rechte bei und vorbehalten durch Wallstein Verlag, Göttingen.

*Karoline von Günderode (1780–1806)*
Liebe ........................................ 18
*Aus:* K. von Günderode: Der Schatten eines Traumes. Gedichte, Prosa, Briefe. Hrsg. und mit einem Essay von Christa Wolf. Berlin 1979.

*Friedrich Hebbel (1813–1863)*
Ich und du ................................... 140
*Aus:* Hebbels Werke in drei Bänden. Bd. 3. Ausgewählt und eingeleitet von Joachim Müller. Berlin und Weimar: Aufbau-Verlag 1971.

*Heinrich Heine (1797–1856)*
Die Lotosblume ängstigt ....................... 81
Du bist wie eine Blume ........................ 32
Du liegst mir so gern im Arme ................. 88
Hast du die Lippen mir wund geküßt ............ 128
Im wunderschönen Monat Mai ................... 64
*Aus:* H. Heine: Werke und Briefe in zehn Bänden. Hrsg. von Hans Kaufmann. Bd. 1 und 2. Textrevision und Erläuterungen von G. Erler. Berlin und Weimar: Aufbau-Verlag ³1980.

*Georg Heym (1887–1912)*
Deine Wimpern, die langen ..................... 130
*Aus:* G. Heym: Dichtungen und Schriften. Gesamtausgabe. Hrsg. von Karl Ludwig Schneider. Bd. 1: Lyrik. Hamburg, München 1964.

*Hugo von Hofmannsthal (1874–1929)*
Die Beiden ................................... 125
*Aus:* H. von Hofmannsthal: Gedichte. Frankfurt am Main 1970.

*Friedrich Hölderlin (1770–1843)*
  Lied der Liebe ............................... 20
  Die Liebe ..................................... 144
  *Aus:* F. Hölderlin: Sämtliche Werke und Briefe. Hrsg.
  von Günter Mieth. Bd. 1: Gedichte. Berlin: Aufbau-
  Verlag ²1995.

*Arno Holz (1863–1929)*
  Verliebte Miniatur ........................... 126
  *Aus:* A. Holz: Werke Bd. 1. Hrsg. von W. Emrich und
  A. Holz. Neuwied am Rhein, Berlin, Spandau 1961.

*Johann Georg Jacobi (1740–1814)*
  Abend ........................................ 82
  *Aus:* Echtermeyer: Deutsche Gedichte. Von den An-
  fängen bis zur Gegenwart. Neugestaltet von Benno
  von Wiese. Düsseldorf 1981.

*Heinz Kahlau (geb. 1931)*
  Geborgen ..................................... 135
  Ich liebe dich ................................ 15
  *Aus:* H. Kahlau: Die schönsten Gedichte. Ausgewählt
  von Lutz Görner. © 2003 Aufbau-Verlag, Berlin.

*Mascha Kaléko (1907–1975)*
  Das letzte Mal ................................ 98
  Liebeslied .................................... 107
  *Aus:* M. Kaléko: In meinen Träumen läutet es Sturm.
  © 1977 Deutscher Taschenbuch Verlag, München.

*Marie Luise Kaschnitz (1901–1974)*
  Ad infinitum.................................. 102
  Maß der Liebe ................................ 44
  *Aus:* M. L. Kaschnitz: Überallnie. Ausgewählte Ge-
  dichte 1928–1965. © 1965 Claasen Verlag in der Ull-
  stein Buchverlage GmbH, Berlin.

*Gottfried Keller (1819–1890)*
    Der Kirchenbesuch ........................... 70
    Es bricht aus mir ein bunter Faschingszug ......... 29
    Ständchen: Schifferliedchen .................... 63
    *Aus:* G. Keller: Sämtliche Werke in acht Bänden. Bd. 1 und 2. Berlin: Aufbau-Verlag 1958.

*Sarah Kirsch (geb. 1935)*
    Bei den weißen Stiefmütterchen .................. 67
    *Aus:* Sarah Kirsch: Werke in fünf Bänden. Gedichte 1. Hrsg. von Franz-Heinrich Hackel. © 1999 Deutsche Verlags-Anstalt GmbH, Stuttgart.

*Klabund (1890–1928)*
    Die Liebe ein Traum ........................... 141
    *Aus:* Klabund: Sämtliche Werke. Bd. 1, 2: Lyrik. Hrsg. von Ramazan Sen. Amsterdam, Würzburg 1998.

*Friedrich Gottlieb Klopstock (1724–1803)*
    Das Rosenband ............................... 68
    *Aus:* Klopstocks Werke in einem Band. Ausgewählt und eingeleitet von Karl-Heinz Hahn. Berlin und Weimar: Aufbau-Verlag 1974.

*Gertrud Kolmar (1894–1943)*
    Liebende ..................................... 129
    Sehnsucht ................................... 110
    *Aus:* G. Kolmar: Gedichte. © 1997 Suhrkamp Verlag, Frankfurt am Main.

*Else Lasker-Schüler (1869–1945)*
    Ein alter Tibetteppich .......................... 89
    Ein Liebeslied ................................ 84
    Mein Liebeslied ............................... 57
    Siehst du mich ................................ 54
    *Aus:* E. Lasker-Schüler: Werke in drei Bänden. © 1996 Suhrkamp Verlag, Frankfurt am Main.

*Nikolaus Lenau (1802–1850)*
  Zweifelnder Wunsch ........................... 48
  *Aus:* N. Lenau: Werke in einem Band. Auswahl und
  Nachwort von Egbert Hoehl. Hamburg 1966.

*Detlev von Liliencron (1844–1909)*
  Einen Sommer lang ........................... 72
  Früh am Tage ................................. 92
  *Aus:* D. von Liliencron: Gesammelte Werke. Bd. 2
  und 3. Hrsg. von Richard Dehmel. Berlin 1911.

*Conrad Ferdinand Meyer (1825–1898)*
  Stapfen ....................................... 104
  Zwei Segel.................................... 142
  *Aus:* C. F. Meyers Werke in zwei Bänden. Bd. 1: Gedichte. Ausgewählt und eingeleitet von Helmut Brandt. Berlin und Weimar: Aufbau-Verlag 1975.

*Christian Morgenstern (1871–1914)*
  Du bist mein Land ........................... 139
  Es ist Nacht .................................. 132
  Geheime Verabredung ......................... 118
  *Aus:* Ch. Morgenstern: Werke und Briefe. Bd. 1 und 2.
  Hrsg. von M. Kießig. Stuttgart 1988.

*Eduard Mörike (1804–1875)*
  An die Geliebte .............................. 37
  Götterwink................................... 58
  Scherz ....................................... 93
  *Aus:* E. Mörike: Sämtliche Werke in zwei Bänden.
  Nach den Originaldrucken zu Lebzeiten Mörikes und
  nach den Handschriften. Bd. 1. Mit Nachwort, Anmerkungen, Bibliographie und Zeittafel von Helmut
  Koopmann. 6. Auflage. Düsseldorf, Zürich 1997.

*Inge Müller (1925–1966)*
  Nacht ....................................... 50
  *Aus:* I. Müller: Daß ich nicht ersticke am Leisesein.
  Gesammelte Texte. Hrsg. von S. Hilzinger. © 2002
  Aufbau-Verlag, Berlin.

*Rainer Maria Rilke (1875–1926)*
    Abschied ..................................... 103
    Alles Lauschende .............................. 40
    Die Liebenden ................................ 134
    Die Stille ..................................... 113
    Liebesanfang ................................. 76
    Zum Einschlafen zu sagen ...................... 86
    *Aus:* R. M. Rilke: Sämtliche Werke. Hrsg. vom Rilke-Archiv. In Verbindung mt Ruth Sieber-Rilke besorgt durch Ernst Zinn. Bd. 1–5. Frankfurt am Main 1975.

*Joachim Ringelnatz (1883–1934)*
    Ich habe dich so lieb .......................... 33
    *Aus:* J. Ringelnatz: Das Gesamtwerk in 7 Bänden. © 1994 Diogenes Verlag AG, Zürich.

*Friedrich Rückert (1788–1866)*
    Kehr ein bei mir! ............................. 42
    Du bist mein Mond ........................... 49
    Hast du gestern abend dich .................... 117
    Weil ich nichts anders kann als nur dich lieben ...... 52
    *Aus:* Friedrich Rückerts Werke in sechs Bänden. Hrsg. von Conrad Beyer. Bd. 1–4. Leipzig 1900.

*Nelly Sachs (1891–1970)*
    Geschirmt sind die Liebenden .................. 24
    *Aus:* N. Sachs: Fahrt ins Staublose. Die Gedichte der Nelly Sachs. © 1961 Suhrkamp Verlag, Frankfurt am Main.

*Friedrich Schiller (1759–1805)*
    Die Erwartung ............................... 60
    *Aus:* F. Schiller: Sämtliche Werke in zehn Bänden. Hrsg. von H.-G. Thalheim u. a. Bd. 1. Bearbeitet von Jochen Golz. Berlin und Weimar: Aufbau-Verlag 1980 (Berliner Ausgabe).

*Kurt Schwitters (1887–1948)*
    An Anna Blume .............................. 30
    *Aus:* K. Schwitters: Das literarische Werk. Bd. 1. Hrsg.
    von Friedhelm Lach. © 1974 DuMont, Köln.

*Theodor Storm (1817–1888)*
    Dämmerstunde ............................. 80
    Ich bin mir meiner Seele ...................... 43
    O süßes Nichtstun .......................... 78
    *Aus:* Theodor Storm: Sämtliche Werke in vier Bänden.
    Hrsg. von Peter Goldammer. Bd. 1. Achte Auflage.
    Berlin: Aufbau-Verlag 1995.

*August Stramm (1874–1915)*
    Trieb ...................................... 138
    *Aus:* A. Stramm: Das Werk. Hrsg. von René Radrizzani. Wiesbaden 1963.

*Eva Strittmatter (geb. 1930)*
    Geheimnis ................................. 119
    Platanenabend ............................. 79
    Schattenriß ................................ 108
    *Aus:* E. Strittmatter: Liebe und Haß. Die geheimen
    Gedichte. 1970–1990. © 2000 Aufbau-Verlag, Berlin.

*Walther von der Vogelweide (um 1170 – um 1230)*
    Under der linden ........................... 74
    *Aus:* W. von der Vogelweide: Frau Welt, ich hab von dir
    getrunken. Gedichte. Hrsg. und übertragen von Hubert Witt. Berlin: Aufbau-Verlag 1998.

## Alphabetisches Verzeichnis
## der Gedichtanfänge und -überschriften

Abend  *Johann Georg Jacobi* ........................ 82
Abschied  *Rainer Maria Rilke* ...................... 103
Ad infinitum  *Marie Luise Kaschnitz* ................ 102
Alle die fortgehen  *Marie Luise Kaschnitz* ........... 102
Alles Lauschende  *Rainer Maria Rilke* ............... 40
Als ich dich in dies fremde Land verschickte
  *Bertolt Brecht* .................................... 99
An Anna Blume  *Kurt Schwitters* .................... 30
An Calisten  *Johann von Besser* .................... 136
An die Geliebte  *Eduard Mörike* .................... 37
An jenem Tag im blauen Mond September
  *Bertolt Brecht* .................................... 77

Bei den weißen Stiefmütterchen  *Sarah Kirsch* ....... 67
Bidi in Peking  *Bertolt Brecht* ...................... 120

Christiane  *Matthias Claudius* ...................... 97

Dafür, daß du bis in die Fingerspitzen
  *Hans Magnus Enzensberger* ........................ 46
Dämmerstunde  *Theodor Storm* .................... 80
Dämmerstunde Dezember  *Eva Strittmatter* ......... 108
Das elfte Sonett  *Bertolt Brecht* .................... 99
Das Leben  *Erich Fried* ............................ 51
Das letzte Mal  *Mascha Kaléko* ..................... 98
Das Rosenband  *Friedrich Gottlieb Klopstock* ........ 68
Dein Hut lüftet sich leis  *Ingeborg Bachmann* ........ 22
Deine Augen sind wie die Kirchenfenster von Chartres
  *Yvan Goll* ........................................ 38
Deine Seele, die die meine liebet  *Else Lasker-Schüler* .. 89
Deine Wimpern, die langen  *Georg Heym* ........... 130
Dem Schnee, dem Regen  *Johann Wolfgang Goethe* ... 17
Der, den ich liebe  *Bertolt Brecht* ................... 45
Der Kirchenbesuch  *Gottfried Keller* ................ 70
Die Beiden  *Hugo von Hofmannsthal* ................ 125

| | |
|---|---:|
| Die Erwartung  *Friedrich Schiller* | 60 |
| Die hohen Himbeerwände  *Theodor Fontane* | 73 |
| Die Liebe  *Friedrich Hölderlin* | 144 |
| Die Liebe  *Matthias Claudius* | 26 |
| Die Liebe ein Traum  *Klabund* | 141 |
| Die Liebe hemmet nichts  *Matthias Claudius* | 26 |
| Die Liebenden  *Bertolt Brecht* | 25 |
| Die Liebenden  *Rainer Maria Rilke* | 134 |
| Die Lotosblume ängstigt  *Heinrich Heine* | 81 |
| Die Stille  *Rainer Maria Rilke* | 113 |
| Die Unvergleichliche  *Gottfried August Bürger* | 36 |
| Dort, wo du bist: schreib ein paar Worte  *Eva Strittmatter* | 119 |
| Du bist die Ruh'  *Friedrich Rückert* | 42 |
| Du bist mein Land  *Christian Morgenstern* | 139 |
| Du bist mein Mond  *Friedrich Rückert* | 49 |
| Dû bist mîn, ich bin dîn  *Anonym* | 41 |
| Du bist wie eine Blume  *Heinrich Heine* | 32 |
| Du gingest fort  *Mascha Kaléko* | 98 |
| Du liegst mir so gern im Arme  *Heinrich Heine* | 88 |
| Du liegst und schweigst  *Gottfried Benn* | 91 |
| | |
| Ein alter Tibetteppich  *Else Lasker-Schüler* | 89 |
| Ein letzter Kuß streift ihre Wimpern  *Klabund* | 141 |
| Ein Liebeslied  *Else Lasker-Schüler* | 84 |
| Einen Morgengruß ihr früh zu bringen  *Eduard Mörike* | 93 |
| Einen Sommer lang  *Detlev von Liliencron* | 72 |
| Engelfreuden ahndend wallen  *Friedrich Hölderlin* | 20 |
| Erinnerung an die Marie A.  *Bertolt Brecht* | 77 |
| Erklär mir, Liebe  *Ingeborg Bachmann* | 22 |
| Es bricht aus mir ein bunter Faschingszug  *Gottfried Keller* | 29 |
| Es ist Nacht  *Christian Morgenstern* | 132 |
| Es ist Unsinn  *Erich Fried* | 19 |
| Es schlug mein Herz, geschwind zu Pferde!  *Johann Wolfgang Goethe* | 100 |
| Es stand ein Sternlein am Himmel  *Matthias Claudius* | 97 |
| Es war, als hätt der Himmel  *Joseph von Eichendorff* | 90 |

Fragen   *Bertolt Brecht* .......................... 116
Froh empfind ich mich nun   *Johann Wolfgang Goethe* .. 87
Früh am Tage   *Detlev von Liliencron* ............... 92

Geborgen   *Heinz Kahlau* ........................ 135
Gefunden   *Johann Wolfgang Goethe* ............... 69
Geheime Verabredung   *Christian Morgenstern* ........ 118
Geheimnis   *Eva Strittmatter* ...................... 119
Geschirmt sind die Liebenden   *Nelly Sachs* .......... 24
Glückliche Männer tragen Strohhüte   *Yvan Goll* ..... 53
Glühend zwischen dir und mir   *Christian Morgenstern* 118
Götterwink   *Eduard Mörike* ...................... 58

Hast du die Lippen mir wund geküßt   *Heinrich Heine* 128
Hast du gestern abend dich   *Friedrich Rückert* ....... 117
Hör ich das Pförtchen nicht gehen?   *Friedrich Schiller* .. 60
Hörst du, Geliebte, ich hebe die Hände
   *Rainer Maria Rilke* ............................. 113

Ich bin mir meiner Seele   *Theodor Storm* ............ 43
Ich denke dein   *Gertrud Kolmar* ................... 110
Ich denke dein, wenn mir der Sonne Schimmer
   *Johann Wolfgang Goethe* ....................... 109
Ich ging im Walde   *Johann Wolfgang Goethe* ......... 69
Ich habe dich so lieb   *Joachim Ringelnatz* ............ 33
Ich kann mir nicht mehr widerstreben
   *Johann von Besser* ............................. 136
Ich liebe dich   *Heinz Kahlau* ...................... 15
Ich möchte jemanden einsingen   *Rainer Maria Rilke* .. 86
Ich und du   *Friedrich Hebbel* ...................... 140
Ihre Leiber standen in den Abendschatten licht
   *Gertrud Kolmar* ............................... 129
Im Frühlingsschatten fand ich sie
   *Friedrich Gottlieb Klopstock* ..................... 68
Im Garten   *Theodor Fontane* ...................... 73
Im Sessel du, und ich zu deinen Füßen   *Theodor Storm* 80
Im wunderschönen Monat Mai   *Heinrich Heine* ...... 64
Immer, meine Liebe   *Heinz Kahlau* ................. 135
In der Fensterluken schmale Ritzen
   *Detlev von Liliencron* ........................... 92

| | |
|---|---|
| In ihrem verschlissenen Musselinkleidchen  *Arno Holz* | 126 |
| In jungen Jahren war's  *Conrad Ferdinand Meyer* ..... | 104 |
| In tausend Formen magst du dich verstecken  *Johann Wolfgang Goethe* ......................... | 39 |
| | |
| Kehr ein bei mir!  *Friedrich Rückert* ............... | 42 |
| Komm, Liebchen, es neigen  *Johann Georg Jacobi* .... | 82 |
| Komm zu mir in der Nacht  *Else Lasker-Schüler* ...... | 84 |
| Kopfkissengedicht  *Hans Magnus Enzensberger* ...... | 46 |
| | |
| Liebe  *Karoline Günderode* ....................... | 18 |
| Liebende  *Gertrud Kolmar* ........................ | 129 |
| Liebesanfang  *Rainer Maria Rilke* .................. | 76 |
| Liebeslied  *Mascha Kaléko* ........................ | 107 |
| Lied der Liebe  *Friedrich Hölderlin* ................. | 20 |
| Locke und Lied  *Annette von Droste-Hülshoff* ........ | 114 |
| | |
| Mailied  *Johann Wolfgang Goethe* .................. | 34 |
| Maß der Liebe  *Marie Luise Kaschnitz* ............... | 44 |
| Mein Liebeslied  *Else Lasker-Schüler* ............... | 57 |
| Meine Lieder sandte ich dir  *Annette von Droste-Hülshoff* ..................... | 114 |
| Mondnacht  *Joseph von Eichendorff* ................ | 90 |
| Morgens und abends zu lesen  *Bertolt Brecht* ......... | 45 |
| | |
| Nacht  *Inge Müller* ............................. | 50 |
| Nachts auf einsamer Bank  *Eduard Mörike* .......... | 58 |
| Nähe des Geliebten  *Johann Wolfgang Goethe* ........ | 109 |
| Nebeneinander gehen wir her  *Eva Strittmatter* ....... | 79 |
| Nirgends hin, als auf den Mund  *Paul Fleming* ....... | 127 |
| Nur nicht  *Erich Fried* ........................... | 51 |
| Nur wer die Sehnsucht kennt  *Johann Wolfgang Goethe* ......................... | 106 |
| | |
| O Lächeln, erstes Lächeln  *Rainer Maria Rilke* ....... | 76 |
| O reiche Armut! Gebend, seliges Empfangen!  *Karoline von Günderode* ...................... | 18 |
| O süßes Nichtstun  *Theodor Storm* ................ | 78 |
| Ob ich dich liebe?  *Adelbert von Chamisso* ........... | 47 |
| Oh Du, Geliebte meiner 27 Sinne  *Kurt Schwitters* .... | 31 |

| | |
|---|---|
| Platanenabend *Eva Strittmatter* .................. | 79 |
| Pour Madame Adelbert *Adelbert von Chamisso* ...... | 47 |
| | |
| Rastlose Liebe *Johann Wolfgang Goethe* ............ | 17 |
| Römische Elegien. Fünfte Elegie | |
| *Johann Wolfgang Goethe* ........................ | 87 |
| Römisches Nachtbild *Ingeborg Bachmann* .......... | 143 |
| | |
| Schattenriß *Eva Strittmatter* ...................... | 108 |
| Scherz *Eduard Mörike* ............................ | 93 |
| Schon hat die Nacht den Silberschrein *Gottfried Keller* | 63 |
| Schrecken Sträuben *August Stramm* ................ | 138 |
| Schreib mir, was du anhast! *Bertolt Brecht* .......... | 116 |
| Sehnsucht *Gertrud Kolmar* ...................... | 110 |
| Sie trug den Becher in der Hand | |
| *Hugo von Hofmannsthal* ...................... | 125 |
| Sieh jene Kraniche *Bertolt Brecht* ................ | 25 |
| Sieh, wie sie zu einander erwachsen | |
| *Rainer Maria Rilke* ............................ | 134 |
| Siehst du mich *Else Lasker-Schüler* ................. | 54 |
| So leg ich mich zu dir *Inge Müller* ................ | 50 |
| Ständchen: Schifferliedchen *Gottfried Keller* ........ | 63 |
| Stapfen *Conrad Ferdinand Meyer* ................... | 104 |
| | |
| Trieb *August Stramm* ............................ | 138 |
| | |
| Um Mitternacht, wenn die Menschen erst schlafen | |
| *Johann Wolfgang Goethe* ........................ | 85 |
| Under der linden *Walther von der Vogelweide* ........ | 74 |
| | |
| Verliebte Miniatur *Arno Holz* .................... | 126 |
| Versunken *Johann Wolfgang Goethe* ................. | 133 |
| Voll Locken kraus ein Haupt so rund! | |
| *Johann Wolfgang Goethe* ........................ | 133 |
| | |
| Was es ist *Erich Fried* ............................ | 19 |
| Weil ich nichts anders kann als nur dich lieben | |
| *Friedrich Rückert* ................................ | 52 |
| Welch Ideal aus Engelsphantasie | |
| *Gottfried August Bürger* ........................ | 36 |

Wenn das Schaukelbrett die sieben Hügel
   *Ingeborg Bachmann* ............................. 143
Wenn du mich einmal nicht mehr liebst   *Mascha Kaléko*  107
Wenn du mich rufst, unhörbar mit der Seele   *Yvan Goll*  121
Wenn ich, von deinem Anschaun tief gestillt
   *Eduard Mörike* .................................  37
Wenn ihr Freunde vergeßt   *Friedrich Hölderlin* ....... 144
Wenn Worte dir vom Rosenmunde wehen
   *Nikolaus Lenau* .................................  48
Wie Du mir nötig bist?   *Marie Luise Kaschnitz* .......  44
Wie ein Fischlein in dem Garn   *Gottfried Keller* ......  70
Wie ein heimlicher Brunnen   *Else Lasker-Schüler* .....  57
Wie er wolle geküsset sein   *Paul Fleming* ............ 127
Wie hab ich das gefühlt was Abschied heißt
   *Rainer Maria Rilke* ............................. 103
Wie herrlich leuchtet   *Johann Wolfgang Goethe* .......  34
Willkommen und Abschied   *Johann Wolfgang Goethe* .. 100
Wir träumten voneinander   *Friedrich Hebbel* ......... 140

Zum Einschlafen zu sagen   *Rainer Maria Rilke* .......  86
Zwei Segel   *Conrad Ferdinand Meyer* ................ 142
Zweifelnder Wunsch   *Nikolaus Lenau* ...............  48
Zwischen Erde und Himmel?
   *Else Lasker-Schüler* ...........................  54
Zwischen Roggenfeld und Hecken
   *Detlev von Liliencron* ..........................  72